TIME
Bilingual Reading

영어독해
워런버핏
Warren Buffett

TIME Bilingual Reading

영어독해
워런버핏
Warren Buffett

워싱턴 경제클럽에서 연설하는 버핏

Warren Buffett, chairman and CEO, Berkshire Hathaway, Inc., speaks during the Economic Club of Washington's 25th anniversary celebration dinner in Washington, Tuesday, June 5, 2012 (AP Photo/ cliff Owen)

미국 TIME 본사와 저작권 계약

Warren Buffett Is on a Radical Track
By RANA FOROOHAR Monday, Jan. 23, 2012

깨어 있는 인간형의 정점이 워런 버핏이다.
그는 행운을 믿는 자신을 사랑하고 있고 다른 이들도 함께 행복할 수 있기를 희망하고 있다. 그러므로 부자 세를 더 많이 내야하고 이기주의를 버려야 하고 특권의식을 없애야 하며 사회가 재분배 되어야 한다고 주장하면서 언제나 바른 이야기를 하도록 권한다. 그를 위해서 매사에 정확한 판단을 내리며 보다 생산적인 자산에 투자하고 있는 것이다. 이런 일들이 실천되기 위해서 양심을 스승 삼아 검소하고 엄격하며 자신이 받은 혜택을 사회에 되돌려야 한다는 겸손함을 언제나 유지한다. 그런 오늘날의 자신이 만들어지도록 내조한 아내를 존경하며 깊이 사랑하고 있다.

이 책은 미국의 시사주간지 TIME에서 특집으로 다룬 기사로써 주식투자의 귀재 Warren Buffett의 어린 시절 사고방식의 형성에서부터 Berkshire Hathaway 회사를 이룩한 과정 그리고 오늘날 모범적인 CEO로서의 행보에 걸쳐 다루어진 마치 작은 자서전과 같은 내용을 바탕으로 영·한 Bilingual 방식으로 편집한 책입니다.

영·한 바이링구얼 편집이란
바이링구얼리스트가 영문을 읽는 방식, 즉 영문법을 언급하지 않아도 영어문장을 읽으면서 이해하고 넘어갈 수 있는 우리 나라 사람들에게 꼭 필

요한 직독직해 방법입니다.
이러한 획기적인 독해법을 세계 최고인 Warren Buffett에 관한 TIME 기사 원문에 적용하여 제공하게 되었습니다.
Bilingual에 의한 정확한 의미 전달 방식은 까다로운 영문을 쉽게 이해하는 것은 물론 반복 읽기 여하에 따라 회화조차 가능하게 만들 수 있습니다.
뿐만 아니라 본서 안에 수록한 번역문은 읽는 것만으로도 우물 안에서 벗어나 세계를 바라볼 수 있게 하고, 단순히 영어공부를 원하는 사람들에게 필요한 해설을 원문과 함께 자세하게 덧붙여서 어느 모로 보아도 고급영어와 최고의 내용을 쉽게 파악하는데 완벽하도록 배려하였습니다.

> 버핏은 생수와 같은 금언(maxim)을 사업에서 성공하기를 갈망하는 수많은 기업인 그래서 인생에서도 성공하기를 추구하는 모든 사람들에게 이야기 하고 있다. 세계적 최고 부자 대열에 있는 자신의 투자철학과 성공으로 이어지는 기업정신 그리고 성공 후에 모은 재산을 어떻게 사용할 것인가에 대한 그다운 감동의 충고를 오늘도 그는 전하고 있다.

토마스 안 · 벨라 정
2013. 5.

Contents

1장 낙관주의

01 나는 행운을 믿는다 · 14
　　I believe in luck

02 부유세는 국민을 위해 써야 한다 · 17
　　The tax on the rich must be spent for the people

03 황금만능주의가 만든 이기주의가 기회를 앗아간다 · 20
　　The selfishness from plutocracy takes opportunity away

04 버는 만큼 사회에 감사할 줄 알아야 한다 · 23
　　You must thank your society for as much as you earn

05 사립 초·중·고가 공립학교를 어렵게 만든다 · 26
　　The private school makes the public school poor

06 부자라고 특권을 누려서는 안 된다 · 29
　　The rich should not deserve of privileges

07 자본주의는 인류에 공헌해 왔다 · 32
　　Capitalism has made a contribution to man

08 공화당은 높은 세금과 수입 재분배를 싫어한다 · 35
　　Republicans hate higher tax and income redistribution

09 나는 세금을 더 내야 한다 · 38
　　I have more taxable income

10 나는 공화당 의원 전체가 내는 세금 액수를 내겠다 • 41
    I will pay tax as much as the total amount all Republican members do

11 나는 간섭하는 시어머니가 없다 • 44
    I don't have a boss to step in my way

2장 긴축 대책

12 금융 투자에 대한 정확한 판단이 필요하다 • 48
    A financial investment requires an accurate judgment

13 '생산성 자산'에 투자한다 • 51
    Put an investment in a productive assets

14 자가비행 여행에 탐닉하지만 생활은 검소하다 • 54
    He indulges in private air travel, but the means of his life is simple

15 부채는 금물이고 투자는 엄격하다 • 57
    He has no debt and his investment habits are austere

16 정부는 부자들을 버릇 없이 키워서는 안 된다 • 60
    Government must not coddle the rich

17 최하위 10%는 언제나 존재한다 • 63
    There is always a bottom 10%

18 사회 혜택을 받은 자는 반드시 보상해야 한다 • 66
    Those who are indebted to societies resources ought to pay back

3장 내면의 품위

19 낡은 차를 몰고 보청기를 사용한다 · 70
    He drives an old car with his hearing aid

20 직접 운전한다 · 73
    He drives car himself

21 특권의식을 원치 않는다 · 76
    He does not want any sense of privileges

22 어렸을 때 배운 식성을 유지한다 · 79
    He has not changed his thoughts on eating from his childhood

23 문화적 취미는 구식이다 · 82
    Cultural tastes are old school

24 아버지는 계급제도와 부채를 싫어했다 · 85
    His father was loath to be under social class system and debt

25 공직자는 공명정대 해야 한다 · 88
    Public official is to be fair and just

26 나의 양심이 나의 스승이다 · 91
    My conscience is my teacher

27 내부적 장점이 있는 사람을 만났다 · 94
    He met a woman who had the inner scorecard

28 아내가 나를 완성시켜 주었다 · 97
    My wife has nurtured me what I am

29 수지는 워런 집안의 교육자였다 · 100
    Susie was a nurturer of his family

30 아내의 영향으로 자선가가 되었다 · 103
    My wife, Susie, was responsible for my charities

31 수지가 세상을 다시 생각하게 만들었다 • 106
　　Susie made me think of this world again

32 그녀는 위대한 기증자다 • 109
　　She was a great giver

33 나는 수지에게 깊이 감사한다 • 112
　　I thank Susie very much for what I am

34 관점은 같았지만 다른 방법으로 생을 살았다 • 115
　　I had a same view as hers, but we lived a different way of life

35 눈시울을 붉혔다 • 118
　　He was with tears glistening in his eyes

4장 미국을 사들이다

36 그는 가치투자를 한다 • 122
　　I am a 'value investor'

37 숫자와 정보의 광이다 • 125
　　He is a numbers and information geek

38 주택 시장이 살아나면 경기도 살아난다 • 128
　　When the housing market recovers, economy revitalizes

39 '비주택' 투자가 여전히 강세를 보인다 • 131
　　Non-housing business is still strong

40 미국에 대한 전망은 낙관적이다 • 134
　　The view on America is bullish

41 우량주식에는 투자하지 말라 • 137
　　Do not make investment in blue chip

42 위기를 통해서 인물이 태어난다 • 140
    Crisis makes a figure

43 최선의 선택은 실망시키지 않는다 • 143
    The best choice never fails

44 투자 시에는 최악의 이윤을 기대한다 • 146
    At the time of investment, he expects the worst gains

45 투자는 합리적이어야 하고 공익 사업체가 좋다 • 149
    Sound utilities companies throw off a reliable dividend

46 신뢰는 가장 좋은 자산이다 • 152
    Credit is the best assets

47 구제자금으로 금융가가 다시 살아났다 • 155
    The bail-out fund has revitalized the U.S. financial institutions

48 현금만이 믿을 수 있는 자산이다 • 158
    Cash is the best assets

49 유능한 투자가는 기술주식을 기피한다 • 161
    An able investor is not interested in the tech stocks

50 기술주식에 지나친 기대는 금물이다 • 164
    Do not rely on the tech stocks

5장 과감한 투자

51 손해를 각오한 장기투자는 성공한다 • 168
    Long-term investment leads to success

52 성공하기 전 위대한 목표부터 생각한다 • 171
Make a great goal before your success

53 버핏의 자선은 위선일까? • 174
His charities are fake?

54 사업 그리고 자선 그 자체가 인생 처세술이다 • 177
Business and philanthropy are the art of living

55 차입금 투자는 오래 기다릴 수 없다 • 180
The leverage investment can't wait

56 정확한 분석 능력을 갖추어야 성공한다 • 183
The ability of an accurate analysis is a key to success

57 최선의 사회제도보다 올바른 질서가 낫다 • 186
A good social order is above the best social system

58 기업의 약속은 믿을 수 없다 • 189
Do not trust in what a corporation says

59 기업체가 필요로 하지 않는 사람은 데리고 있을 필요가 없다 • 192
You don't need to keep individuals in who you do not need any more

60 버핏은 너무 지나치게 투자하는 회사는 싫어한다 • 195
Buffett doesn't want the business which is overindulged in the investment

61 할 수 없는 일은 과감히 버려라 • 198
Give up things resolutely what you can't do

62 올바른 룰이 있으면 제도는 움직인다 • 201
With a right rule, the system will work

TIME Bilingual Reading 영어독해 워런버핏

1장

낙관주의
Optimism

01 나는 행운을 믿는다
I believe in luck

Warren Buffett 워런 버핏은 believes in making money. 돈 만드는 방법을 믿고 있다

He believes in fairness. 그는 공정함을 믿고 He believes in the ability of government 그는 정부의 능력을 믿는다 to make people's lives better. 국민들의 더 나은 삶을 만드는

But most of all, 하지만 무엇보다도 he believes in luck. 그는 운을 믿는다 "I've had all this good fortune." 나는 이 모든 행운을 누려왔다 Buffett says. 라고 그는 말한다

"It starts with being born in this country, though. 하지만 그 행운은 이 나라에 태어나면서 시작되었다 It starts with being born male in 1930." 또한 1930년에 남자로 태어나면서 시작되었다

1장
낙관주의

나는 행운을 믿는다

워런 버핏은 돈을 만드는 방법을 믿고 있다. 그는 공정함을 믿고 국민들의 더 나은 삶을 만드는 정부의 능력을 믿는다. 하지만 무엇보다도 운을 믿는다.

"나는 이 모든 행운을 누려왔다." "하지만 그 행운은 이 나라에 태어났다는 것이고 그리고 1930년에 남자로 태어났다는 것이다."라고 그는 말한다.

---

radical 급진적인, 과격한, 극단적인, 근본적인, 기본적인
track 추적하다, 궤도, 자국, 통로

fairness 공평
luck 행운, 운명, 재수

1장
낙관주의

I believe in luck

Warren Buffett believes in making money. He believes in fairness. He believes in the ability of government to make people's lives better. But most of all, he believes in luck.

"I've had all this good fortune." Buffett says. "It starts with being born in this country, though. It starts with being born male in 1930."

해설

■ It starts with being born in this country, though. ~
though. to start with
(어떤 일에 대한 첫째 이유를 말하는 데 사용해서) 우선 첫째로.
하지만 그것은 이 나라에 태어났다는 것이 첫째 이유이다.
He believes in the ability of government to make people's lives better. to make people's lives better은 the ability of government 를 수식하는 부정사의 형용사적 용법이다.
국민의 생활을 더 잘 만들기 위한 정부의 능력

02 부유세는 국민을 위해 써야 한다
The tax on the rich must be spent for the people

Genes, luck and birthplace may have helped make 유전자, 행운, 출생지가 도움이 되었을 수도 있다 Buffett the world's third richest man. 버핏이 세계에서 세 번째 부유한 사람이 되는데

But in the past year, 그러나 작년에 his good fortune has also turned him 그의 재산은 그를 변화시켰다 into one of America's most unexpected radicals. 미국에서 가장 기대하지 않았던 과감한 사람 중에 하나로

He's an ardent capitalist 그는 철저한 자본주의자이다 who is demanding higher taxes on the rich 부자에게 더 높은 세금을 요구하는 and more government spending on the rest 그리고 정부가 나머지 사람들에게 더 많은 돈을 쓸 것을 to solve our economic problems. 우리의 경제문제를 해결하기 위해서

1장 낙관주의

부유세는 국민을 위해 써야 한다

유전자, 행운, 출생지가 버핏이 세계에서 세 번째 부유한 사람이 되는데 도움이 되었을 수도 있다. 그러나 작년에 그의 재산은 그를 미국에서 가장 기대하지 않았던 과격한 사람 중에 하나로 변화시켰다. 철저한 자본주의인 그는 부자에게 더 높은 세금을 요구하고 우리의 경제문제를 해결하기 위해서 그 나머지 사람들에게 정부가 더 많은 돈을 쓸 것을 요구하고 있다.

gene 유전자
birthplace 출생지, 고향
fortune 부, 재산, 운
turn into ~로 변하다
unexpected 예기치 않은, 뜻밖의, 생각지도 않은

ardent 열렬한, 격렬한, 헌신적인
capitalist 자본주의자, 부자
demanding 지나치게 요구하는, 요구가 지나친, 큰 노력을 요하는
government spending 정부 지출

> 1장
> 낙관주의

The tax on the rich must be spent for the people

Genes, luck and birthplace may have helped make Buffett the world's third richest man. But in the past year, his good fortune has also turned him into one of America's most unexpected radicals. He's an ardent capitalist who is demanding higher taxes on the rich and more government spending on the rest to solve our economic problems.

- **may have helped (to)make Buffett the world's third richest man.**
  버핏을 세계에서 세 번째 부유한 사람으로 만드는데 도움을 주었는지도 모른다.

- **his good fortune has also turned him into one of America's most unexpected radicals.**
  turn into ~으로 변하다, ~으로 들어가다.
  그의 막대한 재산은 역시 그를 미국에서 전혀 예측하지 못했던 과격파중의 한 사람으로 바꾸어 놓았다.

- **who is demanding higher taxes on the rich~**
  부자들에 더 높은 세금을 부과할 것을 요구하는
  to solve our Economic problems는 more government spending on the rest를 수식한다.
  우리들의 경제적 문제점을 해결하기 위해 나머지 사람들에게 더 많은 정부 지출을 요구하는

03 황금만능주의가 만든 이기주의가 기회를 앗아간다
The selfishness from plutocracy takes opportunity away

Although he is 비록 그가 giving away 99% of his $45 billion fortune, 자신의 4백5십억 달러 재산의 99%를 사회에 나누어주고 있지만 he operates less out of a sense of noblesse oblige 그는 신분의 의무감에서 그런 일을 한다기 보다 than noblesse outrage 신분의 강한 욕구에서 이다

The country that made him rich 그를 부자로 만든 이 나라는 is lousy with bailout billionaires, 구제금융을 받은 수십억 부자들로 들끓고 있고 a culture of selfishness 이기주의 문화이고 and a loss of opportunities. 그리고 기회상실의 나라다
"We can rise to any challenge 우리는 어떠한 도전도 이겨낼 수 있다. but not, if people feel we're in a plutocracy." 사람들이 금권정치 하에 있다는 것을 느끼만 않는다면 he says. 이라고 그는 말한다 "We have to get serious about shared sacrifice." 우리는 공동의 희생에 대하여 진지해야만 한다

1장
낙관주의

황금만능주의가 만든 이기주의가 기회를 앗아간다

비록 그가 자신의 4백5십억 달러 재산의 99%를 사회에 내놓고 있지만, 그는 사회적 높은 신분의 의무감에서가 아니라 그 신분의 강한 욕구에서 그런 일을 한다. 그를 부자로 만든 이 나라는 구제금융을 받은 수십억 부자들로 들끓고, 이기주의 문화이고 기회상실의 나라다. "우리는 어떠한 도전도 이겨낼 수 있다, 사람들이 금권정치 하에 있다는 것을 느끼지만 않는다면." "우리는 공동의 희생에 대하여 진지해야만 한다."고 그는 말한다.

---

give away 거저 주다, 배분하다, 수여하다
noblesse 고귀한 신분, 귀족
noblesse oblige 높은 신분에 따르는 정신적 의무, 사명감, 노블레스 오블리주
outrage 무도한 행위, 격노
a feeling of righteous anger
less A than B A가 아니고 B이다
lousy 이 투성이의, 불결한, 악질적인, 형편없는, 서투른, 몸이 안 좋은

bailout 정부의 자금 지원에 의한 기업 구제
billionaire 억만 장자
selfishness 이기주의, 이기심, 자기본위
opportunity 기회
challenge 도전, 문제, 이의 제기, 자극하다, 어려움
plutocracy 돈에 의해 지배되는 금권정치, 황금만능주의, 재벌, 부호 계급 정치
sacrifice 희생, 제물

1장
낙관주의

The selfishness from plutocracy takes opportunity away

Although he is giving away 99% of his $45 billion fortune, he operates less out of a sense of noblesse oblige than noblesse outrage. The country that made him rich is lousy with bailout billionaires, a culture of selfishness and a loss of opportunities. "We can rise to any challenge but not if people feel we're in a plutocracy." he says. "We have to get serious about shared sacrifice."

해설

- Although he is giving away 99% of his $45 billion fortune, he operates less out of a sense of noblesse oblige than noblesse outrage.
  give away 나누어주다, 거저 주다
  less A than B ~ A라기 보다 B다
  그는 그의 450억 달러 중에 99%를 나누어주고 있지만 노블레스 오블리주의 센스에서 라기 보다 노블레스의 강한 욕구에서 그 일을 한다.
- "We have to get serious about shared sacrifice."
  우리는 진심으로 희생을 공유해야 한다.

04 버는 만큼 사회에 감사할 줄 알아야 한다
You must thank your society for as much as you earn

Shared sacrifice, to Buffett, means 버핏에게 공동의 희생이란 의미한다 not just higher taxes for the rich 부자들에게 더 많은 과세를 의미할 뿐만 아니라—who often pay extremely low rates on money made by moving money around 즉, 돈을 굴려서 번 것에 대한 지극히 낮은 세금만 내는 부자뿐만 아니라— but also curbs on short-termism. 단기 이익 추구의 억제도 의미한다

He'd like to see 그는 보고 싶다 speculative-trading gains taxed at much higher rates. 투기성 거래 이윤에 더 많은 세금이 부과되기를

He believes 그는 믿는다 CEOs of publicly bailed-out institutions 공금으로 구조자금 원조를 받은 기업의 CEO들은 should be on the hook for everything they own 그들이 소유한 모든 것을 담보로 걸어야만 한다고 if their institutions go bust. 그들의 기업 파산에 대비하여

1장 낙관주의

버는 만큼 사회에 감사할 줄 알아야 한다

버핏에게 공동의 희생이란 돈을 굴려서 번 돈에 대하여 지극히 낮은 세금만 내는 부자들에게 더 많은 과세를 의미할 뿐만 아니라 단기 이익 추구의 억제를 의미하기도 한다 그는 투기성 거래 이윤에는 더 많은 세금이 부과되기를 원한다. 공금으로 구조자금 원조를 받은 기업의 CEO들은 그들의 기업 파산을 대비하여 그들이 소유한 모든 것을 담보로 걸어야만 한다고 그는 믿는다.

---

sacrifice 희생, 제물
short-termism 눈 앞의 일만을 생각하는 태도
relating to or extending over a limited period speculative-trading gains 투기성 거래 이윤
speculative 이론적인, 투기적인, 사색적인

publicly 공개적으로 공공연하게, 공식적으로
bailed-out 제정적 도움을 받아 어려움에서 구해진
on the hook 곤란한 입장에 놓여, 묶여, 갈고리, 걸다
go bust 사업이 실패하다, 도산하다, 파열하다
bust 실패, 낙제, 상반신, 흉상

1장
낙관주의

You must thank your society for as much as you earn

Shared sacrifice, to Buffett, means not just higher taxes for the rich—who often pay extremely low rates on money made by moving money around—but also curbs on short-termism. He'd like to see speculative-trading gains taxed at much higher rates. He believes CEOs of publicly bailed-out institutions should be on the hook for everything they own if their institutions go bust.

해설

- higher taxes for the rich—who often pay extremely low rate on money made by moving money around ~
  move money around 돈을 굴리다, extremely low rate 대단히 낮은 세율, not just ~ but also ~ 뿐만 아니라 ~도
  돈을 굴려서 번 돈에 대해 대단히 낮은 세율을 지불하는 부자들에게는 더 높은 세금을~

- He believes CEOs of publicly bailed-out institutions should be on the hook for everything they own if their institutions go bust.
  bailed-out 공적 자금을 받아서 어려움에서 벗어난
  on the hook 고리에 걸다, 궁지, 책임을 벗어 날수 없는
  공적 자금을 받아 어려움에서 벗어난 단체장은 만일 그 기업이 도산을 하면 그 CEO는 자기가 가지고 있는 모든 것에 대해 책임을 벗어날 수가 없어야 한다고 믿고 있다.

05 사립 초·중·고가 공립학교를 어렵게 만든다
The private school makes the public school poor

He's only half joking 그가 말하는 것은 농담이 아니다 when he says he'd like to see 보고 싶다고 말할 때 private schools banned so that 사립학교가 금지되어서 rich families would be forced to invest 부유 가정들이 어쩔 수 없이 투자하게 될 것을 in the public K—12 system. 유치원부터 12 학년 공립 학교제도에 (No Buffett in Omaha has ever gone to a private school, 네바다주 오마하 출신 버핏은 사립학교를 한 번도 가보지 않았다고 he notes proudly. 그는 자부하며 말한다)

And he's for a complete overhaul of health care, 그는 의료보험제도의 완전한 개혁을 지지한다 which he calls 'a tapeworm in America' 그것은 '미국 내에 있는 촌충'이라고 그는 말한다 one that cuts corporate competitiveness 기업 경쟁력을 위축시키는 far more than taxes do. 세금 부과보다 훨씬 더

1장
낙관주의

사립 초·중·고가 공립학교를 어렵게 만든다

그는 사립학교가 금지되면 부유 가정들이 유치원부터 12학년 공립학교제도에 어쩔 수 없이 투자하게 될 거라고 말하는 것은 농담이 아니다. (네바다 주의 오마하 출신 버핏은 사립학교를 한 번도 가보지 않았다고 자부하며 말한다.) 그는 의료보험제도의 완전한 개혁을 지지한다. 그것을 세금 부과보다 훨씬 더 기업 경쟁력을 위축시키는 미국 내에 있는 촌충이라고 그는 말한다.

joke 농담
invest 투자
private school 사립학교
K-12 system 12학년, 학교제도
kindergarten-12 grade system
Omaha 오마하: 미국 Nebraska 주 동부 도시
proudly 자랑스럽게, 당당하게

overhaul 철저히 점검하다, 정비하다
health care 의료 보험, 건강관리
tapeworm 촌충, 기생충, 여원 대식가
corporate 기업의, 회사, 그룹, 법인 회사, 통합된
competitiveness 경쟁력, 경합성

1장
낙관주의

The private school makes the public school poor

He's only half joking when he says he'd like to see private schools banned so that rich families would be forced to invest in the public K—12 system. (No Buffett in Omaha has ever gone to a private school, he notes proudly.) And he's for a complete overhaul of health care, which he calls 'a tapeworm in America' one that cuts corporate competitiveness far more than taxes do.

해설

- He's only half joking when he says he'd like to see private schools banned ~
  그는 사립학교는 금지 되어야 옳다고 생각한다 라고 말할 때 결코 농담이 아니다.
- rich families would be forced to invest in the public K—12 system.
  부유한 가정들은 공립학교에 어쩔 수 없이 투자하게 될 것이다.
  he's for a complete overhaul of health care, = he is for a complete overhaul of health care: be for 지지하다, 찬성하다

06 부자라고 특권을 누려서는 안 된다
The rich should not deserve of privileges

It's the opposite of the Darwinian capitalism 이것은 다윈 자본주의의 반대이다 embraced by many prominent conservatives 많은 저명한 보수주의자들이 받아드리고 있는 who believe the market is the only means 그들은 시장이 유일한 방법이다 라고 믿는다 to distribute the economy's assets. 경제 자산을 분배시키기 위해

"The market system 시장제도는 rewards me outlandishly for what I do" 이상하게도 내가 하는 것에 보상을 해주고 있다 Buffett says, 라고 버핏이 말한다 "but that doesn't mean I'm any more deserving of a good life 하지만 내가 더 좋은 생활을 누릴 만 하다라는 것을 의미하는 것은 아니라고 than a teacher or a doctor 교사나 의사보다 or someone who fights in Afghanistan." 혹은 아프가니스탄에서 싸우고 있는 누군가보다

1장 낙관주의

부자라고 특권을 누려서는 안 된다

이것은 자본주의 시장은 경제 자산을 분배시킬 수 있는 유일한 방법이다 라고 믿는 많은 저명한 보수주의자들이 받아드리고 있는 다윈 자본주의의 반대이다. "시장제도는 이상하게도 내가 하는 것에 보상을 해주고 있다." "하지만 교사나 의사나, 혹은 아프가니스탄에서 싸우고 있는 누군가보다 내가 더 좋은 생활을 누릴 만 하다라는 것을 의미하는 것은 아니다."고 버핏이 말한다.

opposite 정반대의, 상반되는
Darwinian capitalism: to apply the principles of Darwinian evolution to sociology and politics
embrace 포옹하다, 받아들이다
prominent 유명한, 중요한, 두드러진
conservative 보수적인, 보수주의자
distribute 공급하다, 분배하다, 나눠주다,

기부하다
asset 자산, 재산, 이점
reward 보상, 대가, 보답
outlandish 기이한, 색다른, 별난, 이국의, 희한한
deserving 받아야 할, 가치가 있는, 자격이 있는

1장 낙관주의

The rich should not deserve of privileges

It's the opposite of the Darwinian capitalism embraced by many prominent conservatives who believe the market is the only means to distribute the economy's assets. "The market system rewards me outlandishly for what I do." Buffett says, "but that doesn't mean I'm any more deserving of a good life than a teacher or a doctor or someone who fights in Afghanistan."

해설

- but that doesn't mean I'm any more deserving of a good life

  deserve of ~ 할만하다, any more deserving of a good life ~ 좋은 생활을 조금이라도 더 누릴 만 하다

  그것은 내가 다른 사람보다 좋은 생활을 조금이라도 더 누릴만하다 라는 의미는 아니다.

- It does not mean I'm any more deserving of a good life than a teacher, or a doctor or someone who fights in Afghanistan.

  그것은 내가 교사나 의사나 아프가니스탄에서 싸우고 있는 누군가 보다 조금이라도 더 좋은 생활을 해야 할 만하다 라는 의미는 아니다.

07 자본주의는 인류에 공헌해 왔다
Capitalism has made a contribution to man

He doesn't want 그는 원치 않는다 to stop bond traders 채권 거래자들을 막기를 from making their billions: 수십억 달러를 벌지못하도록 "Capitalism has unleashed more human potential 즉 자본주의는 더 많은 인간 능력을 이끌어 내었다 than any other system in history." 역사의 어떤 다른 제도 보다 But, he says, 그러나 그는 말한다 "we need a tax system 우리는 세금제도가 필요하다 that essentially takes very good care of the people 실제적으로 사람들을 돌보아 주는 who just really aren't as well adapted to the market system 그들은 시장제도에 잘 익숙하지 못하지만 but are nevertheless doing useful things in society." 그러나 사회에 유용한 일을 하고 있다

Bond traders 채권 거래자들과 세계의 기업 and corporate raiders of the world, 사냥꾼들은 take note: 이렇게 언급한다 your higher taxes should subsidize 즉, 당신이 내는 더 높은 세금은 보조금으로 지불되어야 한다고 bridge builders and child-care workers. 다리를 놓는 건설업자와 아동 돌보는 사람들에게

1장 낙관주의

자본주의는 인류에 공헌해 왔다

그는 채권 거래자들이 수십억 달러를 버는 것을 막기를 원치 않는다. 즉 "자본주의는 역사의 어떤 다른 제도 보다 더 많은 인간 능력을 이끌어 내었다." 그러나 그는 말한다. "우리는 실제적으로 시장제도에 잘 익숙하지 못하지만 사회에 유용한 일을 하는 사람들을 돌보아 주는 세금제도가 필요하다." 채권 거래자들과 세계의 기업 사냥꾼들은 이렇게 언급한다. 즉, 당신이 내는 더 높은 세금은 다리를 놓는 건설업자와 아동 돌보는 사람들에게 보조금으로 지불되어야 한다.

---

bond 채권, 회사채
bond trader 채권 거래자
unleash 놓아 주다, ~의 속박을 풀다, ~의 가죽 끈 등을 풀다
potential 가능성이 있는
essentially 본질적으로, 기본적으로, 필히
adapted 적합한, 개조된

nevertheless 그럼에도 불구하고, 그렇지만, 그렇기는 하지만
corporate raider 기업 매수자
raider 침략자, 급습자
subsidize 원조하다, 후원하다, 보조해 주다, ~에 장려금을 지급하다

1장
낙관주의

Capitalism has made a contribution to man

He doesn't want to stop bond traders from making their billions: "Capitalism has unleashed more human potential than any other system in history." But, he says, "we need a tax system that essentially takes very good care of the people who just really aren't as well adapted to the market system but are nevertheless doing useful things in society." Bond traders and corporate raiders of the world, take note: your higher taxes should subsidize bridge builders and child-care workers.

해설

- tax system that essentially takes very good care of people who just really aren't as well adapted to the market
  essentially 실제적으로
  take very good care of the people 사람들을 잘 돌보다
  as well ~도 또한 예) Can I come as well? 나도 같이 가면 안 될까요?
  to be adapted to something ~에 익숙해지다
  또한 시장에 잘 익숙해 지지 못한 사람들을 잘 돌보아주는 세금제도
  who는 관계대명사절로서 who just really ~ bridge builders and child care workers. 선행사 people을 수식한다.

08 공화당은 높은 세금과 수입 재분배를 싫어한다
Republicans hate higher tax and income redistribution

In Washington, 워싱턴에서 where economic theory is 그곳의 경제 이론이 now a partisan grudge match, 지금은 당파적인 원한 경쟁이 이루어지고 the prospect of higher taxes 더 높은 세금과 and income redistribution 소득 재분배의 전망은 enrages Republicans 공화당 사람들 분노하게 만든다 and their business and banking allies. 그리고 그들의 사업체와 금융계 후원자들에게도

Republican Mitch McConnell said last September 공화당 의원 미치 멕코넬은 지난 9월에 이야기 했다 that if Buffett felt guilty, 만약에 버핏이 죄악감을 느꼈다면 he should just "send in a check." 그는 당연히 "수표를 끊어서 내 놓아야 한다" 고

Republicans subsequently proposed a rule 마침내 공화당 사람들은 한 법안을 제의했다 that would make it easier for millionaires 백만장자들을 더 쉽게 만들어 줄 수 있는 —and McConnell is one 멕코넬도 그 중 한 사람으로— to voluntarily pay more taxes. 더 많은 세금을 자원해서 낼 수 있도록

1장
낙관주의

공화당은 높은 세금과 수입 재분배를 싫어한다

경제 이론이 지금은 당파적인 원한 경쟁이 이루어지고 있는 워싱턴에서 더 높은 세금과 소득 재분배의 전망은 공화당 사람들과 그들의 사업체, 그리고 금융계 후원자들을 분노하게 만든다. 공화당 의원 미치 멕코넬 씨는 만약에 버핏이 죄악감을 느꼈다면 그는 당연히 "수표를 끊어서 내 놓아야 한다"고 지난 9월에 이야기 했다. 결과적으로 공화당 사람들은 백만 장자들이 그리고 멕코넬도 그 중 한 사람인데 더 쉽게 자원해서 더 많은 세금을 내도록 만들어 줄 수 있는 법안을 제안했다.

---

partisan 당파심이 강한, 동지
grudge 원한, 유감, 악의, 나쁘게 생각하다
match 어울리다, 경기, 시합, 짝, 필적하다, 성냥
prospect 전망, 가능성, 장래성
redistribution 재분배
enrage 격분하게 하다, 성나게 하다, 전투적 급진파의 사람
republican 공화당의, 공화국의, 공화주의자

allies ally의 복수, 연합국, 가맹
guilty 유죄의, 죄책감, 범죄적인
check 수표, 검사, 확인
subsequently 그 후에, 이어서
propose 제안하다, 제시하다, 신청하다
rule 규칙, 규정, 법칙
millionaire 백만장자, 대 부호
voluntarily 자발적으로, 자주적으로

1장
낙관주의

Republicans hate higher tax and income redistribution

In Washington, where economic theory is now a partisan grudge match, the prospect of higher taxes and income redistribution enrages Republicans and their business and banking allies. Republican Mitch McConnell said last September that if Buffett felt guilty, he should just "send in a check." Republicans subsequently proposed a rule that would make it easier for millionaires—and McConnell is one—to voluntarily pay more taxes.

해설

- where economic theory is now a partisan grudge match는 관계부사절로 앞에 온 in Washington을 수식한다.
- the prospect of higher taxes and income redistribution enrages Republicans and their business and banking allies. higher taxes and income redistribution은 the prospect (전망)을 수식한다.
  enrages (동사) 분노하게 만들다.
  Republicans and their business 공화당과 그들의 사업체
  and banking allies 금융계후원자들

09 나는 세금을 더 내야 한다
I have more taxable income

Buffett paid a tax rate of only 11% 버핏은 겨우 11%의 세율을 지불했다 on adjusted gross income of $62,855,038 in 2010. 2010년에 조정 후 총소득 62,855,038달러에서 (After deductions, 공제 후 most of which were for charitable contributions, 이 액수의 대부분은 자선 사업 단체에 기부금으로 들어갔고 he paid a still low 17% rate 그는 여전히 낮은 17%를 세금으로 지불했다 on his $39,814,784 of taxable income; 과세대상 수입 39,814,784 달러에 대해 his office staff, meanwhile, 그의 직원은 한편 paid percentages somewhere in the 30s. 30% 수준의 세금을 지불했다)

1장
낙관주의

나는 세금을 더 내야 한다

버핏은 2010년에 조정 후 총소득 62,855,038달러에서 겨우 11%의 세율을 지불했다. (공제 후 이 액수의 대부분은 자선 사업 단체에 기부금으로 들어갔고 그는 과세대상 수입 39,814,784달러에 대해 여전히 낮은 17%를 세금으로 지불했다. 한편 그의 직원은 30% 수준의 세금을 지불했다.)

adjusted 조정된
adjusted gross income 조정 후 총소득, AGI (필요 경비를 뺀)
deduction 공제, 차감액, 결과

charitable 관대한, 자비로운, 인정이 많은
contribution 기부, 공헌, 기여
taxable 과세대상,

1장
낙관주의

I have more taxable income

Buffett paid a tax rate of only 11% on adjusted gross income of $62,855,038 in 2010. (After deductions, most of which were for charitable contributions, he paid a still low 17% rate on his $39,814,784 of taxable income; his office staff, meanwhile, paid percentages somewhere in the 30s.)

해설

- After deductions, most of which were for charitable contributions, he paid a still low 17% rate on his $39,814,784 of taxable income;
  deductions ~경비 공제 후
  most of which~ which는 앞에 온 deduction(공제) 를 가리킨다.
  공제액의 대부분은 자선단체 기부를 위한 것이었다

10. 나는 공화당 의원 전체가 내는 세금 액수를 내겠다
I will pay tax as much as the total amount all Republican members do

Asked if he's ever considered writing a check for what he thought 그가 생각한 액수의 수표를 끊는 문제를 생각해 봤는지 질문을 받았을 때 his taxes should have been, 자기의 세금이 어느 정도가 되었어야 할 것이다 라는 he says, 그는 말한다 "I have thought about that. 나도 그 점에 대해서 생각해 보았다 But what I've thought more about, 그러나 내가 더 많이 생각한 것은 because Mitch McConnell put it out there, 미치 멕코넬이 그 제안을 내 놓았기 때문에 is offering to match the total amount of voluntary contributions made by all Republican members of Congress. 공화당 국회의원들 전체가 낸 자원 기부금 액수 전체와 맞먹는 돈을 내놓을 것이다 And I will. 그리고 나는 하겠다 I'll go 1 for 1 with any Republican. 모든 공화당 의원과 1:1로 내는 것을 And I'll go 3 for 1 with McConnell." 그리고 멕코넬과는 3:1로 내겠다 He chuckles. 라며 그는 껄껄거리고 웃는다

"And I'm not worried." 나는 걱정하지 않는다

1장
낙관주의

나는 공화당 의원 전체가 내는 세금 액수를 내겠다

그가 자기의 세금이 어느 정도가 되었어야 할 것이라고 그가 생각한 액수의 수표를 끊는 문제를 생각해 봤는가? 라는 질문을 받았을 때 그는 "나도 그 점에 대해서 생각해 보았다. 그러나 미치 멕코넬이 그 제안을 내놓았기 때문에 내가 더 많이 생각한 것은 공화당 국회의원들 전체가 낸 자원 기부금 액수 전체와 맞먹는 돈을 내놓을 것이다 라고 그는 말했다. 나는 모든 공화당 의원과 같이 1:1로 내고 멕코널과는 3:1로 내겠다." 라며 그는 껄껄거리고 웃는다. "나는 걱정하지 않는다."

---

considered 여겨진다, 간주된다, 생각되다, 평가되다
voluntary 자발적인, 자원 봉사의
contribution 기부

Congress 의회, 회의
member of congress 미국 연방 의회 의원
chuckle 껄껄 웃다, 만족한 미소를 짓다

1장 낙관주의

I will pay tax as much as the total amount all Republican members do

Asked if he's ever considered writing a check for what he thought his taxes should have been, he says, "I have thought about that. But what I've thought more about, because Mitch McConnell put it out there, is offering to match the total amount of voluntary contributions made by all Republican members of Congress. And I will. I'll go 1 for 1 with any Republican. And I'll go 3 for 1 with McConnell." He chuckles. "And I'm not worried."

 해설

- **Asked if he has ever considered** =When he was asked if he has ever considered
  생각해 본 적이 있는지 질문을 받았을 때
- **he thought his taxes should have been more about**
  그는 그의 세금 액은 당연히 더 많았어야 했다고 생각했다.
  because Mitch McConnell put it out there 'Mitch McConnell 의원이 그 제안을 내놓았기 때문에'는 부사절이고 주어와 동사 사이에 삽입이 되었다.
  주어는 **what I've thought more about**, 동사 구는 **is offering to match ~ Congress**.

11 나는 간섭하는 시어머니가 없다
I don't have a boss to step in my way

At 81, Buffett says 81세인 버핏은 말한다 he's in a unique position to speak out. 자신은 솔직하게 이야기 할 수 있는 그런 특별한 위치에 있다고

"If you are a CEO 만약 당신이 기업체 CEO이던지 or you have to deal with a conservative board 아니면 보수주의 이사진과 일을 해야 하거나 or you have a boss that might get upset by what you say, 또는 당신이 말한 것에 화를 낼 수도 있는 상사가 있다면 you can't do what I do. 내가 하는 일을 당신은 할 수 없다 But I don't have a boss. 그러나 나는 내 위에 상사도 없고 It's hard to hurt me. 내 자신을 아프게 할 이유도 없다 If you don't speak up now, 만약에 당신이 지금 솔직하게 이야기 하지 않는다면 when are you going to? 언제 솔직해질 것인가? As my partner Charlie told me, 나의 파트너 찰리가 나에게 이야기를 하다시피 it's like saving up sex for your old age!" 당신은 늙었을 때를 위해 지금 섹스를 아끼는 것과 같다.

1장
낙관주의

나는 간섭하는 시어머니가 없다

81세인 버핏은 자신이 솔직하게 이야기 할 수 있는 그런 특별한 위치에 있다 고 말한다. "만약 당신이 기업체 CEO이던지 아니면 보수주의 이사진과 일을 해야 하거나, 또는 당신이 말한 것에 화를 낼 수도 있는 상사가 있다면 내가 하는 일을 당신은 할 수 없다. 그러나 나는 내 위에 상사도 없고 더구나 내 자신을 아프게 할 이유도 없다. 만약에 당신이 지금 솔직하게 이야기 하지 않는다면 언제 솔직해질 것인가? 나의 파트너 찰리가 나에게 이야기를 하다시피 당신은 늙었을 때를 위해 지금 섹스를 아끼는 것과 같다."

unique 독특한, 특별한, 고유한, 유일한
position 입장, 지위, 위치
conservative board 보수주의 위원회, 이사회

upset 당황, 혼란
hurt 다치다, 아프다, 상처, 감정을 해치다, 고통을 느끼다

1장
낙관주의

I don't have a boss to step in my way

At 81, Buffett says he's in a unique position to speak out. "If you are a CEO or you have to deal with a conservative board or you have a boss that might get upset by what you say, you can't do what I do. But I don't have a boss. It's hard to hurt me. If you don't speak up now, when are you going to? As my partner Charlie told me, it's like saving up sex for your old age!"

해설

- At 81, Buffett says he's in a unique position out.
  81세인 버핏은 자기는 솔직하게 이야기 할 수 있는 아주 좋은 위치에 있다고 말한다.
- It's like saving up sex for your old age.
  당신이 늙었을 때를 위해 지금 섹스를 아끼는 것과 같다.
  for your old age 당신이 늙었을 때를 위해

2장

긴축 대책

AUSTERITY
MEASURES

12 금융 투자에 대한 정확한 판단이 필요하다
A financial investment requires an accurate judgment

The reason people listen to Buffett, 사람들이 버핏의 말을 듣는 이유는 at a time when being the 0.001% may not seem like the best public relations asset, 0.001%가 된다는 것이 가장 좋은 PR자산으로 보이지 않을 수도 있는 이 때에 is that in matters of finance he's very often right. 금융 문제에 있어서 그는 너무나 자주 올바른 판단을 내렸다는 것이다

But it's also 그러나 이것은 또한 that he's not like other billionaires. 다른 억만 장자와 같지 않았다는 것이다

2장 긴축 대책

금융 투자에 대한 정확한 판단이 필요하다

0.001%가 된다는 것이 가장 좋은 PR자산으로 보이지 않을 수도 있는 이 때 사람들이 버핏의 말을 듣는 이유는 금융 문제에 있어서 그는 너무나 자주 올바른 판단을 내렸다는 것이다. 그러나 이것은 또한 다른 억만 장자와 같지 않았다는 것이다.

austerity 내핍, 엄격, 긴축 재정, 금욕 생활
measures 대책
public relations 섭외, 홍보, 선전 활동
asset 재산

in matters of ~에 관해서는, ~의 건에 대해서는
finance 재정, 금융, 재무, 자금

A financial investment requires an accurate judgment

The reason people listen to Buffett, at a time when being the 0.001% may not seem like the best public relations asset, is that in matters of finance he's very often right. But it's also that he's not like other billionaires.

- The reason (why) people listen to Buffett, at a time when being the 0.001% may not seem like the best public relations, is that in matters of finance, he's very often right.
  The reason people listen to Buffett: 주어, at a time when being the 0.001% may not seem like the best public relations: 부사구, is 동사, that in matters of finance ~ often right ~ 명사절로서 'is' 동사의 보어 절 역할을 한다.
  at a time when~ best public relations(부사절)이 주어와 동사 사이에 삽입이 되었다.

13 '생산성 자산'에 투자한다
Put an investment in a productive assets

Buffett lives 버핏은 살고 있다 not on an isolated island of wealth 격리된 부의 섬이 아니라 but in Omaha, in a shingle-roofed five-bedroom house 오마하 지방의 널빤지로 지붕을 이어놓은 5개 침실 집에서 on an unpretentious street 평범한 길거리에 자리 잡고 있는 that looks as if it might belong to a successful dentist. 마치 성공한 치과의사 집처럼 보이는 He bought it for $31,500 1958년에 in 1958. 이 집을 31,500 달러를 주고 샀다

The corporation he runs, 그가 운영하고 있는 Berkshire Hathaway, 기업체 버크셔 헤서웨이는 owns 76 businesses 76개 기업체를 소유하고 있고— from a candy company to an electric utility 즉, 한 캔디 회사에서부터 전기 공공기업체까지—that throw off $1 billion a month in free cash, 이것은 한 달에 순 현금으로 10억불 정도를 안겨다 준다 and he holds major stakes 그는 50% 이상의 지분을 소유하고 있다 in many of the country's biggest blue-chip firms, 이 나라의 최대 우량 기업체 대부분에서 including Coca-Cola, American Express, IBM, 즉, 코카콜라, 아메리칸 익스프레스 카드 회사 포함하는 IBM and Procter & Gamble. 프록터&갬블까지

2장 긴축 대책

'생산성 자산'에 투자한다

버핏은 격리된 부의 섬이 아니라 오마하 지방에서 살고 있고 이 집은 마치 성공한 치과의사 집처럼 보이는 평범한 길거리에 자리 잡고 있으며 널빤지로 지붕을 이어놓은 5개 침실의 집에서 살고 있다. 그는 1958년에 이 집을 31,500 달러를 주고 샀다. 그가 운영하고 있는 기업체 버크셔 헤서웨이는 76개 기업체를 소유하고 있고 그 기업체는 하나의 캔디 회사에서부터 전기 공공기업체까지 달하고 이것은 한 달에 순 현금으로 10억불 정도를 안겨다 준다. 그는 이 나라의 최대 우량 기업체 즉, 코카콜라, 어메리칸 익스프레스 카드 회사, IBM, 프록터갬블까지 포함하는 많은 기업체에서 50% 이상의 지분을 소유하고 있다.

---

isolated 고립된, 떨어진, 격리된
wealth 부, 재산, 부유함
shingle 지붕 널, 잔돌
shingle-roofed 널기와 집, 판자로 지붕을 이은
unpretentious 수수한, 겉을 꾸미지 않은, 자만하지 않는

dentist 치과의사
throw off 가져오다, 개시하다, 사냥을 시작하다, 고치다, 내던지다
stake 지분, 제공하다, 이해관계, 말뚝
blue chip 우량기업, 우량주

2장
긴축 대책

Put an investment in a productive assets

Buffett lives not on an isolated island of wealth but in Omaha, in a shingle-roofed five-bedroom house on an unpretentious street that looks as if it might belong to a successful dentist. He bought it for $31,500 in 1958. The corporation he runs, Berkshire Hathaway, owns 76 businesses—from a candy company to an electric utility—that throw off $1 billion a month in free cash, and he holds major stakes in many of the country's biggest blue-chip firms, including Coca-Cola, American Express, IBM and Procter & Gamble.

해설

- a shingle-roofed five-bedroom house on an unpretentious street that looks as if it might belong to successful dentist.
  마치 성공한 치과의사 집처럼 보이는 널빤지로 이은 침실 5개의 집.
  <u>as if</u> 절 다음에 조동사 <u>might</u>가 오면 실제적 상황이 아니다. 그러나 as if 절 다음에 현재형이 오면 실제적 상황이다.
  예) the house that looks as if it belongs to a successful dentist.
  성공한 치과의사 것으로 보이는 집.

14 자가비행 여행에 탐닉하지만 생활은 검소하다
He indulges in private air travel, but the means of his life is simple

Yet 하지만 aside from his indulgence in private air travel 그가 개인 비행기 여행을 특히 좋아하는 것을 제외하고 (he named his first jet the Indefensible 그는 그의 첫 번째 개인 전용기 제트기를 인디펜서블 이라고 이름 지었다), he estimates 그는 추산한다 his personal yearly expenses 그의 개인적 연간 소비 비용을 to be no more than $150,000. 15만 달러 내외로

The company canteen in his small office suite, 그의 조그만 사무실 안에 있는 식당 where he has a habit of walking around 이곳에서 그는 주위를 돌아다니면서 turning off lights in empty rooms, 빈 방에 불을 끄는 습관이 있는 features a beat-up wooden table, 그 식당 안에는 너무나 오래 써서 낡은 식탁. a faux-leather sectional couch and Formica countertops. 인조 가죽을 덴 여러 부분 소파, 포마이카로 된 조리용 씽크대가 눈에 띈다

2장
긴축 대책

자가비행 여행에 탐닉하지만 생활은 검소하다

하지만 그가 개인 비행기 여행을 특히 좋아하는 것을 제외하고 (그는 그의 첫 번째 개인 전용기 제트기를 인디펜서블: "막기 어려운" 이라고 이름 지었다.) 그의 개인적 연간 소비 비용을 15만 달러 내외로 계산한다. 그의 조그만 사무실에 안에 있는 식당에서 그는 주위를 돌아다니면서 빈 방에 불을 끄는 습관이 있고 그 식당 안에는 너무나 오래 써서 낡은 식탁, 인조 가죽을 덴 부분 소파, 포마이카로 된 조리용 씽크대가 눈에 띤다.

aside from ~을 제외하고, ~이외에, ~은 별도로 하고
indulgence 탐닉, 방종, 욕망의 만족, 제멋대로 방종
indefensible 변호의 여지 없는, 방어할 수 없는, 막아낼 수 없는
estimate 추정하다, 예상하다, 전망하다, 견적하다, 측정하다
personal 개인의, 사적인

expense 비용, 지출, 소요 경비
canteen 간이 식당, 매점
suite 침실과 거실 세트
turn off 끄다
beat-up 써서 낡은, 지쳐 빠진
faux-leather 모조 가죽, 인공 피혁;
sectional 조립식 가구, 부분적인
Formica 포마이카, 합성수지 도료
countertop 주방용 조리대

2장
긴축 대책

He indulges in private air travel, but the means of his life is simple

Yet aside from his indulgence in private air travel (he named his first jet the Indefensible), he estimates his personal yearly expenses to be no more than $150,000. The company canteen in his small office suite, where he has a habit of walking around turning off lights in empty rooms, features a beat-up wooden table, a faux-leather sectional couch and Formica countertops.

해설

- aside from his indulgence in private air travel
  개인 자가 비행기 여행에 탐닉한 것을 제외하고.
  aside from ~을 제외하고
  he estimates his personal yearly expenses to be no more than $150.00. 'his personal yearly expense'는 목적어, 'to be no more than $150,000'은 목적 보어다.
  그는 자기의 년간 개인 비용을 $150,000 정도로 잡고 있다.
- He has a habit of walking around turning off lights in empty rooms.
  그는 돌아다니면서 빈방에 불을 끄는 습관이 있다.

15 부채는 금물이고 투자는 엄격하다
He has no debt and his investment habits are austere

His investment habits 그의 투자 습관은 are as austere as the decor. 그의 사무실 내 장식품만큼 검소하다

In an age of leverage, 금융기관 차입 투자 시대에 he likes to steer clear of debt, 그는 빚을 깨끗이 청산하는 것을 좋아하고 preferring to keep from $10 billion to $20 billion 그는 100억불에서 200억불 순 현금 자산을 of liquid assets on hand at all times 항상 손에 들고 있기를 좋아한다 —"so that I can sleep better." he says. 그래서 나는 잠을 더 잘 잘 수 있다 고 말한다

In a world of high-frequency traders 기업인이 너무도 많은 이 시기에 with two-hour sell windows, 두 시간짜리 판매 전략을 가지고 있는 Buffett's investment horizon 버핏의 투자 지평선은 is somewhere between 10 years and forever. 10년에서부터 영원한 시간 사이에 있다

2장
긴축 대책

부채는 금물이고 투자는 엄격하다

그의 투자 습관은 그의 사무실 내의 장식품만큼 검소하다. 금융기관 차입 투자 시대에 그는 빚을 깨끗이 청산하는 것을 좋아하고 그는 100억불에서 200억불 순 현금 자산을 항상 손에 들고 있기를 좋아한다. 그래서 나는 잠을 더 잘 잘 수 있다. 두 시간짜리 판매 전략을 가지고 있는 기업인이 너무도 많은 이 시기에 버핏의 투자 지평선은 10년에서부터 영원한 시간 사이에 있다.

---

austere 엄한, 엄격한, 검소한
décor 장식, 무대 장치
leverage 금융기관 차입 투자, 효력, 지레의 작용, 영향력, 차입금으로 투기하다
steer 조종하다, 이끌다, 나아가다
steer clear 가까이 가지 않다, 피하다
debt 빚, 채무
prefer 선호하다

liquid assets 유동 자산
on hand 소유하여, 수중에, 자기 마음대로 되어, 곧 일어날, 임박하여, 대기하여, 그 자리에 있는
high frequency 빈도가 높은 HF, 종종 일어나는
horizon 지평선, 지평, 수평, 한계, 범위
somewhere 어딘가에, 어떤 곳, 대략, 언젠가

2장 긴축 대책

He has no debt and his investment habits are austere

His investment habits are as austere as the decor. In an age of leverage, he likes to steer clear of debt, preferring to keep from $10 billion to $20 billion of liquid assets on hand at all times—"so that I can sleep better." he says. In a world of high-frequency traders with two-hour sell windows, Buffett's investment horizon is somewhere between 10 years and forever.

- **in an age of leverage, he likes to steer clear of debts, ~** in an age of leverage 차입 자본 이용 시대에. steer clear of ~에 접근하지 않는다.
  차입 자본 이용 시대에 그는 부채를 지지 않는다.
- **preferring to keep from $10 billion to $20 billion of liquid assets on hand at all time.** = and he preferred to keep $10 billion to $20 billion of liquid assets (유동자산) on hand at all time. preferring은 동시성 분사구문으로 'and he preferred'에서 and he를 생략하고 분사형으로 바꾸어 놓은 구문이다.

16 정부는 부자들을 버릇 없이 키워서는 안 된다
Government must not coddle the rich

He grew up 그는 자라났다 in Omaha and Washington 오마하와 워싱턴에서 as the son of a U.S. Congressman 미국 하원 국회의원의 아들로써 and was once president 그리고 그는 한 때 회장이기도 했다 of the University of Pennsylvania's Young Republicans Club. 펜실베니아 대학 젊은 공화당 클럽의 Now he's President Obama's highest-profile supporter, 지금 그는 오바마 대통령의 가장 잘 알려져 있는 지지자고 a crusader for higher taxes 백만 장자 클럽에 on the millionaires' club. 더 높은 세금을 부과시켜야 한다는 정책을 밀고 나가는 운동가다 As he wrote in an op-ed article 그는 특집기사를 기고했을 때 for the New York Times last summer, 지난 여름에 뉴욕 타임스에 in which he noted 그 글 안에 언급했다 that his personal tax rate was lower 그는 자기 개인 세율은 더 낮았다고 than that of his office staff, 자기의 직원 세율보다 Washington needs 워싱턴은 필요가 있다고 to stop coddling the superrich. 최고 부자의 응석을 들어주는 일을 중단할" Millionaires, 백만장자들은 says Buffett, 버핏은 말한다 should pay more taxes 지금보다 세금을 더 내야 한다고—a lot more. 그것도 훨씬 더 많이

And companies certainly 그리고 기업체도 확실히 shouldn't pay any less. 지금보다 더 적게 내어서는 안되다고

2장
긴축 대책

정부는 부자들을 버릇 없이 키워서는 안 된다

그는 미국 하원 국회의원의 아들로써 오마하 와 워싱턴에서 자라났다 그리고 그는 한 때 펜실베니아 대학 젊은 공화당 클럽의 회장이기도 했다. 지금 그는 오바마 대통령의 가장 잘 알려져 있는 지지자고 백만 장자 클럽에 더 높은 세금을 부과시켜야 한다는 정책을 밀고 나가는 운동가다. 그는 지난 여름에 뉴욕 타임스에 특집기사를 기고했을 때 그 글 안에 그는 자기 개인 세율은 자기의 직원 세율보다 더 낮고 워싱턴은 최고 부자의 응석을 들어주는 일을 중단할 필요가 있다고 언급했다. 버핏은 백만장자들은 지금보다 세금을 더 내야하고 그것도 훨씬 더 많이 내야 한다고 말하고 있다. 기업체도 지금보다 더 적게 내어서는 안되다고 말했다.

grow up 자라다, 성장하다
highest-profile 유명인사
supporter 후원자, 지지자
crusader 개혁 운동가, 옹호 운동가, 십자군 전사

op-de article 사설 반대쪽 기사, 서명 기사, 서명 논평 기사
coddle 잘 봐주다, 부드럽게 다루다, 응석을 받아주다
superrich 최고부자

**2장
긴축 대책**

Government must not coddle the rich

He grew up in Omaha and Washington as the son of a U.S. Congressman and was once president of the University of Pennsylvania's Young Republicans Club. Now he's President Obama's highest-profile supporter, a crusader for higher taxes on the millionaires' club. As he wrote in an op-ed article for the New York Times last summer, in which he noted that his personal tax rate was lower than that of his office staff, Washington needs to "stop coddling the superrich." Millionaires, says Buffett, should pay more taxes—a lot more. And companies certainly shouldn't pay any less.

- As he wrote in an op-ed article for the New York Times last summer, 작년 여름 뉴욕 타임즈에 논평기사를 기고했을 때, in which (in the article) he noted that his personal tax rate was lower than that (tax rate) of his staff, 그 기고에서 그는 자기의 개인 세율은 자기의 직원 세율보다 더 낮았고 Washington need to "stop coddling the superrich." 워싱턴은 최고 부자들의 응석받이를 중단해야 한다고 언급했다. (noted)

- And companies certainly shouldn't pay any less.
회사들은 분명히 지금보다 세금을 적게 내서는 안 된다.
should not pay less 지금보다 적게 내서는 안 된다.

17 최하위 10%는 언제나 존재한다
There is always a bottom 10%

His worry 그의 걱정은 is that in this era of late-stage capitalism, 이와 같은 자본주의 말기 시대에 the next generations won't be as lucky as he has been. 다음 세대들은 자기가 누려온 것만큼 운이 없을 것이다 라는 것이다

The problem of inequality 불평등의 문제점은 is likely, he says, to get worse. 더 악화될 가능성이 있다고 그는 말한다

When people can't climb up the ladder, 사람들이 사회신분 사다리를 올라갈 수 없을 때 it's bad for the economy 이것은 경제를 위해서도 좋지 않고— and for his companies. 그리고 자기의 회사를 위해서도 좋지 않다

He doesn't believe 그는 믿지 않는다 that the U.S. can innovate 미국이 개선할 수 있다고 its way quickly back 속히 되돌아 가기 위하여 지금까지 해온 방법으로 to a 1950s level of shared prosperity, 1950년도 수준의 공유의 번영으로 nor does he think education will entirely close the gap. 또는 교육이 이와 같은 갭을 완전히 막아 줄 수 있으리라고

2장
긴축 대책

최하위 10%는 언제나 존재한다

그의 걱정은 이와 같은 자본주의 말기 시대에 다음 세대들은 자기가 누려온 것만큼 운이 없을 것이다. 라는 것이다. 불평등의 문제점은 지금보다 더 악화될 가능성이 있다고 그는 말한다. 사람들이 사회신분 사다리를 올라갈 수 없을 때 이것은 경제를 위해서도 좋지 않고 자기의 회사를 위해서도 좋지 않다. 미국이 1950년도 수준의 공유의 번영으로 속히 되돌아 가기 위하여 지금까지 해온 방법을 개선할 수 있다고 그는 믿지 않는다. 또는 교육이 이와 같은 갭을 완전히 막아 줄 수 있으리라고 그는 생각하지 않는다. 진실은 능력면에서 언제나 최하위 10%는 앞으로도 있을 것이다. 라고 그는 이야기 한다. 미국에서 IQ90점을 가지고 있는 사람들은 그가 100년 전에 직장을 잡을 수 있는 것보다 오늘날은 점점 더 직장을 잡기가 어려워진다.

inequality 불평등, 불공평, 불균형
climb 오르다, 상승하다
ladder 사다리, 단계
innovate 혁신하다, 쇄신하다, 도입하다
prosperity 번영, 번창

entirely 완전히, 오로지, 전적으로
bottom 바닥, 아래, 하위
capacity 능력, 자격, 가능성, 기능
qualified 자격이 있는, 적임의, 자질이 있는, 적합한

2장 긴축 대책

There is always a bottom 10%

His worry is that in this era of late-stage capitalism, the next generations won't be as lucky as he has been. The problem of inequality is likely, he says, to get worse. When people can't climb up the ladder, it's bad for the economy—and for his companies. He doesn't believe that the U.S. can innovate its way quickly back to a 1950s level of shared prosperity, nor does he think education will entirely close the gap. "The truth is that there will always be a bottom 10% in terms of capacity." he says. "Someone in America who has a 90-point IQ is qualified for many fewer jobs today than he was 100 years ago."

해설

- The next generations won't be as lucky as he has been.
  다음 세대는 자기가 지금까지 운이 좋았던 만큼 운이 좋지 않을 것이다.
  as ~ as는 다음 세대와 자기가 누려온 행운을 비교하는 패턴이다.
- "진실은 이것이다 The truth is that 언제나 능력면에서 최하위 10%안에 있을 것 there will always be a bottom 10% in terms of capacity." 이라고 그는 말한다 he says.
- "미국에서 IQ 90점을 가지고 있는 사람들은 "Someone in America who has a 90-point IQ 오늘날은 점점 더 직장을 잡기가 어려워진다 is qualified for many fewer jobs today 그가 100년 전에 직장을 잡을 수 있는 것보다 than he was 100 years ago."

18 사회 혜택을 받은 자는 반드시 보상해야 한다
Those who are indebted to societies resources ought to pay back

The solution, 해결책은 to him, is obvious. 그에게 분명하다 "People who make withdrawals from societies' resources 사회 자산으로부터 인출하는 사람—like me with my plane 즉, 나와 같은 자가용 비행기를 가지고 있는 사람들은— should have to pay a lot for it." 그것에 대해서 많은 돈을 지급해야 한다.

That means not only higher taxes for the rich 이것은 부자에 대해서 더 높은 세금 의미할 뿐만 아니라 and an extremely progressive European-style consumption tax 특히 진보 성향의 유럽 스타일의 소비세도 but also fewer loopholes for corporations. 역시 기업체가 누리는 법의 맹점이 이전보다 점점 적어져야 한다는 것을 의미한다

Buffett says it's 'baloney' 버핏은 '허튼소리'라고 말한다 that corporate America's tax rates are too high 미국에서 기업하는 외국회사들의 세율이 너무 높다고 이야기 하는 것은 and says 또 이야기 한다 companies 회사들이 should not be allowed to repatriate profits tax-free. 무세 이윤을 본국에 빼돌리도록 허용돼서는 안 된다 라고 (It'll just encourage more investment to flow overseas 이윤 무세는 정말 더 많은 투자를 해외에 유출시키도록 조장할 뿐이다.)

In general, he says, 그는 일반적으로 이렇게 말한다 "I find the argument 나는 논쟁을 전혀 이해가 안 된다고 생각한다 that we need lower taxes to create more jobs mystifying, 우리들이 세금을 인하해서 일자리를 창출할 필요성이 있다는 because we've had the lowest taxes in this decade 왜냐하면 우리는 지난 10년 동안에 최저로 낮은 세율을 가지고 있었지만 and about the worst job creation ever." 우리는 어느 때보다도 일자리 창출이 최하위였다

2장
긴축 대책

사회 혜택을 받은 자는 반드시 보상해야 한다

그에게 해결책은 분명하다. "사회 자산으로부터 인출하는 사람 즉, 나와 같은 자가용 비행기를 가지고 있는 사람들은 그것에 대해서 많은 돈을 지급해야 한다." 이것은 부자에 대해서 더 높은 세금, 특히 진보 성향의 유럽 스타일의 소비세를 의미할 뿐만 아니라 역시 이것은 기업체가 누리는 법의 맹점이 이전보다 점점 적어져야 된다는 것을 의미한다. 버핏은 미국에서 기업하는 외국회사들의 세율이 너무 높다고 이야기 하는 것은 '허튼소리'라고 말하며 또 회사들은 무세 이윤을 본국에 빼돌리도록 허용돼서는 안 된다 라고 이야기 한다. (이윤 무세는 정말 더 많은 투자를 해외에 유출시키도록 조장할 뿐이다.) 그는 일반적으로 이렇게 말한다. "나는 우리들이 세금을 인하해서 일자리를 창출할 필요성이 있다는 논쟁을 전혀 이해가 안 된다고 생각한다. 왜냐하면 우리는 지난 10년 동안에 최저로 낮은 세율을 가지고 있었지만 우리는 어느 때보다도 일자리 창출이 최하위였다. 이런 논쟁을 나는 말하는 것이다.

solution 해결책, 방안, 해법
obvious 분명한, 명백한, 뻔한, 확실한
withdrawal 철수, 탈퇴, 인출
resource 자원, 공급원, 재산
extremely 매우, 극도로, 굉장히, 지나치게
progressive 진보적인, 점진적인, 진행하는
consumption tax 소비세
loophole 총안, 작은 창문, 빠져나갈 구멍, 빈틈

baloney 허튼 소리, 잠꼬대, 바보, 어리석은 짓
repatriate 본국으로 송환하다, 송환자
flow 흐르다, 유입, 유동
overseas 해외, 국제적인, 국외
argument 주장, 논쟁
mystifying 어리둥절한, 마음을 미혹시키는 듯한
decade 10년간

2장
긴축 대책

Those who are indebted to societies resources ought to pay back

The solution, to him, is obvious. "People who make withdrawals from societies' resources--like me with my plane--should have to pay a lot for it." That means not only higher taxes for the rich and an extremely progressive European-style consumption tax but also fewer loopholes for corporations. Buffett says it's "baloney" that corporate America's tax rates are too high and says companies should not be allowed to repatriate profits tax-free. (It'll just encourage more investment to flow overseas.) In general, he says, "I find the argument that we need lower taxes to create more jobs mystifying, because we've had the lowest taxes in this decade and about the worst job creation ever."

해설

- That means not only higher taxes for the rich but also fewer loopholes for corporation.
  higher tax for the rich 부자들에게는 더 높은 세금과, and an extremely progressive European-style consumption tax 그리고 대단히 진보적인 유럽 스타일의 소비세를 부과할 뿐 아니라, but also fewer loopholes for corporation '기업이 빠져나갈 수 있는 법의 맹점을 줄여야 한다'를 means(의미)한다.

3장
내면의 품위
THE INNER SCORECARD

19 낡은 차를 몰고 보청기를 사용한다
He drives an old car with his hearing aid

It's early December in Omaha, 오마하에서 12월 초였고 and snow is blowing horizontally across 눈은 가로 질러서 좌우 방향으로 내리고 있었다 the windshield of Buffett's beige Cadillac DTS. 버핏의 베이지 캐딜락 DTS 앞 유리를

Dressed in a simple checked blue sport jacket, 수수한 체크무늬 푸른색 스포츠 자켓을 입고 with his hearing aid 보청기를 pointe d toward the passenger side of the car, 조수석을 향해 꽂은 채 he is driving me to lunch at the Happy Hollow Club. 그는 나를 태우고 해피 홀로우 클럽에서 점심을 먹기 위해 운전 중이었다

3장
내면의 품위

낡은 차를 몰고 보청기를 사용한다

오마하에서 12월 초였고 눈은 버핏의 베이지 캐딜락 DTS 앞 유리를 가로 질러서 좌우 방향으로 내리고 있었다. 수수한 체크무늬 푸른색 스포츠 자켓을 입고 보청기를 조수석을 향해 꽂은 채 그는 나를 태우고 해피 홀로우 클럽에서 점심을 먹기 위해 운전 중이었다.

inner 내면의, 내부의, 내적인, 안
scorecard 득점표, 점수표
blow 불다
horizontally 수평으로, 가로로
across 건너서, 지름으로, 가로질러서

windshield 차 앞 유리
beige 베이지색, 갈색을 띤 엷은 회색
hearing aid 보청기
passenger side 조수석 쪽

He drives an old car with his hearing aid

It's early December in Omaha, and snow is blowing horizontally across the windshield of Buffett's beige Cadillac DTS. Dressed in a simple checked blue sport jacket, with his hearing aid pointed toward the passenger side of the car, he is driving me to lunch at the Happy Hollow Club.

- **across the windshield of Buffett's beige Cadillac DTS.**
  버핏의 베이지 캐디락 DTS 앞 유리를 가로 질러서 (across)
  Dressed in a simple ~jacket, with his hearing aid pointed toward the passenger side of the car,는 다음에 오는 'he'에 연결되고 또한 'he'를 수식한다.
- **with his hearing aid pointed toward the passenger side of the car,**
  그의 보청기를 차 조수석으로 향하게 하고

20 직접 운전한다
He drives car himself

The car has no four-wheel drive 그 차는 사륜구동이 아니어서 and keeps skidding slightly, 조금씩 미끄러졌다 as Buffett, an enthusiastic speaker, 열렬하게 말하는 버핏은 takes his hands off the wheel regularly to gesticulate. 손짓을 하기 위해 정기적으로 운전대에서 손을 놓았을 때

I ask him why he doesn't have a driver, 나는 어째서 운전사를 두지 않는가를 물었고 and he laughs. 그는 웃었다

"Oh, gosh." he says. "저런!" 그는 말한다 "I think if I did anything but drive myself around here, 내가 이 주변에서 운전을 직접하지 않는다면 people would just think it was ridiculous!" 사람들은 어쩌면 이것은 어이없는 일이다"라고 생각할 수도 있다 고

3장 내면의 품위

직접 운전한다

그 차는 사륜구동이 아니어서 조금씩 미끄러졌다. 열렬하게 말하는 버핏은 손짓을 하기 위해 정기적으로 운전대에서 손을 놓았다. 나는 그에게 어째서 운전사를 두지 않는가를 물었고 그는 웃었다. "저런!" "내가 이 주변에서 운전조차 하지 않는다면 사람들은 어쩌면 이것은 어이없는 일이다 라고 생각할 수도 있다."라고 그는 말했다.

skid 미끄러지다
slightly 약간, 조금, 가볍게
enthusiastic 열광적으로, 열렬한
hands off 손을 대지 않고
regularly 종종, 주기적으로

gesticulate 몸짓, 손짓으로 이야기하다
oh gosh 아이쿠, 저런
anything but 전혀 하지 않다
ridiculous 우스꽝스러운, 터무니 없는

3장 내면의 품위

He drives car himself

The car has no four-wheel drive and keeps skidding slightly, as Buffett, an enthusiastic speaker, takes his hands off the wheel regularly to gesticulate. I ask him why he doesn't have a driver, and he laughs. "Oh, gosh." he says. "I think if I did anything but drive myself around here, people would just think it was ridiculous!"

해설

- **The car has no four-wheel drive and keeps skidding slightly.**
  no four-wheel 4륜 구동 바퀴
  keep + 동명사 = 계속 ~ 하다
  그 차는 4륜 구동이 아니어서 계속 조금씩 밀렸다.
- **He takes his hands off the wheel regularly to gesticulate.**
  그는 몸짓을 하기 위해 (gesticulate) 정규적으로 핸들에서 (wheel) 손을 떼었다.
- **anything but drive myself around here**
  이곳 주위를 다닐 때 내가 직접 운전을 하지 않으면,
- **people would just think it was ridiculous**
  사람들은 정말 "이것은 어이없는 일이다"라고 생각할 수도 있다.

21 특권의식을 원치 않는다
He does not want any sense of privileges

Everyone in town knows Buffett. 이 마을에 사는 사람들은 모두 버핏을 안다

At the country club, 그 컨트리 클럽에서 **which resembles the one** 그곳은 닮아 있다 **in the tiny Indiana farm town where I grew up,** 내가 자란 인디애나 주 작은 농촌 마을에 있는 사교장과 **we are greeted by a gray-haired woman at a card table,** 카드 테이블에 있던 백발의 한 여성이 우리를 맞이했고 **who wishes us Merry Christmas** 그녀는 크리스마스를 축하해 주었으며 **and gives us a ticket for the brunch buffett.** 점심 뷔페 식권을 주었다

It's Sunday morning, 그 때는 일요일 오전이었고 **and the place is full of families** 그 곳은 가족들로 가득 찼다 **who look as if they've just come from church.** 교회에서 방금 온 것처럼 보이는

3장 내면의 품위

특권의식을 원치 않는다

이 마을에 사는 사람들은 모두 버핏을 안다. 그곳은 내가 자란 인디애나 주 작은 농촌 마을에 있는 사교장과 닮은 컨트리 클럽에서 카드 테이블에 있던 백발의 한 여성이 우리를 맞이했고, 그녀는 크리스마스를 축하해 주었으며 점심 뷔페 식권을 주었다. 그 때는 일요일 오전이었고 그 곳은 교회에서 방금 온 것처럼 보이는 가족들로 가득 찼다.

resemble 공통점이 있다, ~와 닮은, 유사하다, ~을 비기다
tiny 작은, 조금, 유아의

greet 인사하다, 환영하다, 만나다
gray-haired 백발의, 백발이 섞인, 늙은

3장
내면의 품위

He does not want any sense of privileges

Everyone in town knows Buffett. At the country club, which resembles the one in the tiny Indiana farm town where I grew up, we are greeted by a gray-haired woman at a card table, who wishes us Merry Christmas and gives us a ticket for the brunch buffet. It's Sunday morning, and the place is full of families who look as if they've just come from church.

해설

- At the country club, which resemble the one in the tiny Indiana farm town where I grew up,
  내(기자)가 자란 조그만 인디에나 농장 마을에 있는 컨트리 클럽을 닮은 컨트리 클럽에서
- We are greeted by a gray-haired woman at a card table.
  카드 테이블에 앉아 있던 백발의 한 여성이 우리를 맞이 했다.

22. 어렸을 때 배운 식성을 유지한다
He has not changed his thoughts on eating from his childhood

Buffett, 버핏은 who has a soft elderly face 인자하고 나이가 지극한 얼굴을 한 but moves briskly, stacks a plate high 활발하게 접시에 쌓아 올렸다 with waffles, bacon and roast beef. 와플, 베이컨, 구운 쇠고기를

Despite his Eisenhower-era diet, 아이젠하워 대통령 시대(1953–61)적 구식 식사에도 불구하고 which includes 60 oz. of Coke (preferably Cherry) a day, 60온스의 코카콜라(가급적 체리 맛 선호)를 포함한 Buffett remains surprisingly trim. 버핏은 놀라울 정도로 날씬하다

"I haven't had a taste of broccoli or asparagus in years!" 나는 일년 내내 브로콜리나 아스파라거스는 먹지 않는다 he boasts. 라고 그는 자랑한다

"I formed my thoughts on eating at the age of 5, 나는 5살때에 먹는 것에 대한 내 생각을 형성했고 and I haven't changed them." 지금까지 그것이 변하지 않았다

3장
내면의 품위

어렸을 때 배운 식성을 유지한다

인자하고 나이가 지긋한 얼굴을 한 버핏은 활발하게 접시에 와플, 베이컨, 구운 쇠고기를 쌓아 올렸다. 60온스의 코카콜라(가급적 체리맛 선호)를 포함한 아이젠하워 대통령 시대(1953-61)적 구식 식사에도 불구하고 버핏은 놀라울 정도로 날씬하다. "나는 일년 내내 브로콜리나 아스파라거스는 먹지 않는다"고 자랑한다. "나는 5살때에 먹는 것에 대한 내 생각을 형성했고 지금까지 그것이 변하지 않았다."

elderly 노인층, 나이든, 어른
briskly 활발히, 기운차게
plate 접시, 음식, 번호판
Eisenhower-era Dwight David 아이젠하워(1890-1969) 시대. 미국 정치가, 34대 대통령, 공화당.

preferably 되도록이면, 차라리, 가능하면
surprisingly 놀랍게도, 뜻밖에도
trim 날씬하다, 잘라내다, 다듬다, 장식
boast 자랑하다, 뽐내다, 내세우다, 허풍 대다

He has not changed his thoughts on eating from his childhood

Buffett, who has a soft elderly face but moves briskly, stacks a plate high with waffles, bacon and roast beef. Despite his Eisenhower-era diet, which includes 60 oz. of Coke (preferably Cherry) a day, Buffett remains surprisingly trim. "I haven't had a taste of broccoli or asparagus in years!" he boasts. "I formed my thoughts on eating at the age of 5, and I haven't changed them."

- Stack a plate high with waffles, bacon and roast beef.
  stack high 높이 쌓아 올리다.
  접시에 와플, 베이컨 로스트 비프를 가득 담았다.

23 문화적 취미는 구식이다
Cultural tastes are old school

Buffett's cultural tastes 버핏의 문화적 취향도 are equally old school. 마찬가지로 구식의 보수주의적이다

His icon of beauty 그의 미적 우상은 is Sophia Loren; 소피아 로렌이고 his favorite movie 가장 좋아하는 영화는 is The Bridge on the River Kwai. 콰이 강의 다리이다

And his views on wealth redistribution 그리고 부의 재분배에 대한 그의 견해는—which are basically 근본적으로 the opposite of the trickle-down theory 통화침투설 이론의 반대이고—go back even further, 훨씬 예전으로 돌아가서 echoing those of another Nebraskan, 또 다른 네브레스카 사람의 이론을 반영하는 것이다 progressive Democrat William Jennings Bryan, 진보적 민주주의자 윌리엄 제닝스 브라이언 who believed 그는 믿었다 that "if you legislate 만약에 당신이 법안을 만든다면 to make the masses prosperous, 대중의 번영을 위하여 their prosperity will find its way up and through 그들의 번영은 상승할 것이고 라고 every class that rests upon it." 모든 계층이 그 위에 안식을 구가하게 될 것이다

3장 내면의 품위

문화적 취미는 구식이다

버핏의 문화적 취향도 마찬가지로 구식의 보수주의적이다. 그의 미적 우상은 소피아 로렌이고 가장 좋아하는 영화는 콰이 강의 다리이다. 그리고 부의 재분배에 대한 그의 견해는 근본적으로 통화침투설 이론의 반대이고 훨씬 예전으로 돌아가서 또 다른 네브레스카 사람이고 진보적 민주주의자 윌리엄 제닝스 브라이언의 이론을 반영하는 것이다. 그는 "만약에 당신이 대중의 번영을 위하여 법안을 만든다면 그들의 번영은 상승할 것이고 모든 계층이 그 위에 안식을 구가하게 될 것이다."라고 믿었다.

---

old school 구식, 보수주의자, 전통주의자, 모교
icon 우상인물
redistribution 재분배, 의석 수 재분배
tricke-down theory 통화 침투설 (정부 자금을 대 기업에 유입시키면 중소기업과 소비자에게 까지 영향을 미쳐 경기를 자극한다는 이론)
trickle-down theory 대단히 큰 부 아래에서는 조각이라도 떨어진다 라는 이론

trickle 똑똑 떨어지는 것, 실개천
progressive 진보주의
legislate 법률을 제정하다
mass 대량의, 대중의, 집단의, 미사
prosperous 번영하는, 성공한
prosperity 번영

Cultural tastes are old school

Buffett's cultural tastes are equally old school. His icon of beauty is Sophia Loren; his favorite movie is The Bridge on the River Kwai. And his views on wealth redistribution—which are basically the opposite of the trickle-down theory—go back even further, echoing those of another Nebraskan, progressive Democrat William Jennings Bryan, who believed that "if you legislate to make the masses prosperous, their prosperity will find its way up and through every class that rests upon it."

- —which are basically ~ trickle-down theory— 이 문장은 관계대명사절로서 앞에 놓인 명사구 his view on wealth redistribution을 수식한다.
  His view on wealth redistribution의 동사는 go back even further 훨씬 더 거슬러 올라간다

- echoing those of another~ 이 문장은 'And his view on wealth redistribution echoes those of another ~ William Jennings Bryan'이 생략된 문장이다.
  두 개의 문장이 and로 연결될 때 끝에 오는 and+주어+동사는 동명사(ing)로 바뀐다.

24 아버지는 계급제도와 부채를 싫어했다
His father was loath to be under social class system and debt

Buffett's maternal grandfather, 버핏의 외할아버지는 writes Alice Schroeder 앨리스 슈뢰더가 쓴 in her excellent biography of Buffett, The Snowball, 그녀의 훌륭한 버핏 자서전인 스노우볼에서 was an ardent supporter of Bryan. 열렬한 브라이언 지지자였다고 쓰고 있다

Buffett's father Howard, 버핏의 아버지 하워드는 on the other hand, 한편 was a conservative; 보수주의자였고 a grocer's son 식료품점 아들이었던 그는 who went on to become a stockbroker 주식 중개인이 되었고 and four-term Republican Congressman, 후에 4선 공화당 국회의원까지 갔던 he had an aversion to any sort of class system, 그는 어떠한 종류의 계급 제도를 싫어했고 as well as to debt. 마찬가지로 부채도 싫어했다 (He lobbied to put the U.S. back on the gold standard. 그는 미국을 다시 금본위 제도로 환원하기 위해서 로비활동을 했다)

He was also an isolationist 그는 고립주의자이기도 했다 who agreed with Calvin Coolidge 칼빈 쿨리지의 말에 동의했던 that the "chief business of the American people is business" 미국인들의 제일 기업은 바로 사업이다" 라는 and once passed out flyers 그리고 그는 한 때에 전단지를 뿌리기도 했다 calling Franklin D. Roosevelt and his welfare state 루즈벨트 대통령과 그의 복지 국가를 the 'greatest threat to democracy' that the U.S. had ever known. 미국이 지금까지 알고 있던 민주주의에 대한 '최대의 위협이다'라는

3장 내면의 품위

아버지는 계급제도와 부채를 싫어했다

앨리스 슈뢰더가 쓴 훌륭한 버핏의 자서전인 스노우볼에 나오는 버핏 외할아버지는 열렬한 브라이언 지지자였다고 쓰고 있다. 한편 버핏의 아버지 하워드는 보수주의자였고 주식 중개인이 되었고 후에 4선 공화당 국회의원까지 갔던 식료품점 아들이었던 그는 어떠한 종류의 계급 제도를 싫어했고 마찬가지로 부채도 싫어했다. 그는 미국을 다시 금본위 제도로 환원하기 위해서 로비활동을 했다. 그는 "미국인들의 제일 기업은 바로 사업이다"라는 칼빈 쿨리지의 말에 동의했던 고립주의자이기도 했다. 그는 한 때에 루즈벨트 대통령과 그의 복지 국가를 미국이 지금까지 알고 있던 민주주의에 대한 '최대의 위협'이다 라고 부르는 전단지를 뿌리기도 했다.

maternal 어머니의, 모계의, 어머니다운, 외가의
excellent 훌륭한, 뛰어난, 좋다
biography 전기, 자서전, 약력
Snowball 눈덩이, 가속도적으로 커지게 하다
ardent 열렬한, 열심인, 불타는, 열광적인
conservative 보수적인, 수수한

grocer 식료 잡화점
stockbroker 증권 중개인, 주식 중매인
aversion 혐오, 반감, 아주 싫은 것
lobby 로비, 압력단체, 공작하다
isolationist 고립주의를 지지하는 사람
democracy 민주주의, 민주적
loath 싫어하는, 싫은, 꺼리는

His father was loath to be under social class system and debt

Buffett's maternal grandfather, writes Alice Schroeder in her excellent biography of Buffett, The Snowball, was an ardent supporter of Bryan. Buffett's father Howard, on the other hand, was a conservative; a grocer's son who went on to become a stockbroker and four-term Republican Congressman, he had an aversion to any sort of class system, as well as to debt. (He lobbied to put the U.S. back on the gold standard.) He was also an isolationist who agreed with Calvin Coolidge that the "chief business of the American people is business" and once passed out flyers calling Franklin D. Roosevelt and his welfare state the 'greatest threat to democracy' that the U.S. had ever known.

- He had an aversion to any sort of class system, as well as to debt.
  an aversion to (sb/sth) ~을 싫어한다
  위의 문장은 두 개의 문장이 하나의 문장으로 되어 있다.
- (1) He had an aversion to any sort of class system and (2) he also had an aversion to debt
  그는 모든 종류의 계급제도를 싫어했고 마찬가지로 부채도 싫어했다.

25 공직자는 공명정대 해야 한다
Public official is to be fair and just

Despite the political differences 정치적 차이점에도 불구하고 that would emerge between them, 그들 사이에 나타날 수 있는 Howard Buffett was and is a hero to his son, 아버지 하워드 버핏은 자기 아들에게 영웅이기도 했고 지금도 영웅이다 in large part because he operated, 대부분 그 이유는 그가 역할 했기 때문이다 both as a person and as a politician, 그가 개인으로써 그리고 한 사람의 정치인으로써 by what Warren refers to as an inner scorecard. 이를 가리켜 워런버핏은 내부적인 성적표 라고 언급하고 있다

As Schroeder writes, 자서전 작가 '슈뢰더' 가 쓰고 있는 대로 Howard Buffett 하워드 버핏 was "the least backslapping Congressman 국회의원 중에서 가장 무뚝뚝한 국회의원 이었다 ever to represent his state." 그의 주를 대표하는

He once turned down a raise 그는 한 때에 월급인상을 거부했다 because his constituents had voted him 왜냐하면 그의 선거구 유권자들은 그에게 표를 던졌기 때문이다 in at a lower salary. 더 낮은 월급이었을 때

And he was shocked 그리고 그는 충격을 받았다 by the way his peers padded payrolls 그의 동료 의원들이 급료지불 명부에 올리는 것을 보고 with friends, relatives, mistresses and fake expenses. 친구들, 친척들, 애인들 그리고 거짓 비용을

It was truly Mr. Smith Goes to Washington. 누구나 국회의원이 될 수 있다는 것은 정말 사실 이었다

3장 내면의 품위

공직자는 공명정대 해야 한다

그들 사이에 나타날 수 있는 정치적 차이점에도 불구하고 아버지 하워드 버핏은 자기 아들에게 영웅이기도 했고 지금도 영웅이다. 그 이유는 그가 개인으로써 한 사람의 정치인으로써 역할 했기 때문이다. 이를 가리켜 워런버핏은 내부적인 성적표 라고 언급하고 있다. 자서전 작가 '슈뢰더' 가 쓰고 있는 바와 같이 하워드 버핏은 그의 주를 대표하는 국회의원 중에서 가장 무뚝뚝한 국회의원 이었다. 그는 한 때에 월급인상을 거부했고 왜냐하면 그의 선거구 유권자들은 더 낮은 월급을 받고서 그에게 표를 던졌기 때문이다. 그리고 그는 그의 동료 의원들이 친구들, 친척들, 애인들 그리고 거짓 비용을 급료지불 명부에 올리는 것을 보고 충격을 받았다. 누구나 국회의원이 될 수 있다는 것은 정말 사실이었다.

---

country club 사교장
briskly 활발하게 기운차게
preferably 되도록이면, 가급적
emerge 떠오르다, 새로운, 나타나다, 벗어나다, 명백해지다
hero 영웅, 주인공, 용사
operate 운영하다, 움직이다, 작용하다, 영향을 미치다
inner scorecard 내면 성적표
backslapping 과장된 칭찬, 과장된 친밀감의 표현

turn down 거절하다, 물리치다, 줄이다
constituent 선거권 자, 선거인, 구성하는, 구성요소, 성분
peer 동료, 귀족, 응시하다
pad 패드, 덧대다, 받침대
payroll 임금 대장, 종업원 총수
mistress 정부, 연인
fake 위조품, ~인 체하다, 가짜의

Public official is to be fair and just

Despite the political differences that would emerge between them, Howard Buffett was and is a hero to his son, in large part because he operated, both as a person and as a politician, by what Warren refers to as an inner scorecard. As Schroeder writes, Howard Buffett was "the least backslapping Congressman ever to represent his state." He once turned down a raise because his constituents had voted him in at a lower salary. And he was shocked by the way his peers padded payrolls with friends, relatives, mistresses and fake expenses. It was truly Mr. Smith Goes to Washington.

- Howard Buffett was "the least backslapping Congressman ever to represent his state."
  backslapping~ (행동에 관해서) 지나칠 정도로 친절하고 시끄러운
  The least~ 다른 어떤 것 보다 더 적은, 또는 다른 어떤 사람보다 더 적은
  'ever'은 지금까지. 그의 주를 대표한 가장 친절하지 못한 국회위원.
- He was shocked by the way (which) his peers padded payrolls with friends and relatives.
  payroll~ (인원 계산 등을) 조작하여 불리다.
  그는 그의 동료 의원들이 친구 친척들을 월급 명단에 올려 조작하는 것 (It was truly Mr. Smith Goes to Washington: 국회명단에 올릴 수 있다는)을 보고 충격을 받았다.

26 나의 양심이 나의 스승이다
My conscience is my teacher

Howard's propensity 하워드의 성향이 for acting on the basis of his conscience 양심에 기초한 행동으로 deeply influenced his son. 아들에게 깊은 영향력을 주었다

His picture 그의 사진은 hangs on the wall in Buffett's office, 버핏의 사무실 벽에 걸려있다 along with a few other treasured possessions 몇 가지 보물로 여겨온 다른 것과 더불어 —a diploma for completing a Dale Carnegie course 즉, 데일 카네기 과정 이수 증명서 on "how to make friends and influence people." 어떻게 친구를 만들고, 어떻게 사람에게 영향력을 줄 수 있는가에 대한 a 1973 Pulitzer Prize 그리고 1973년 퓨리쳐 상 for a story on financial mismanagement at Boys Town 보이스 타운에서 있었던 금융관리 부정에 관한 기사로 given to the Omaha Sun 오마하 선 지에 주어진 (which Buffett then owned; 오마하 선은 그 당시 버핏이 소유했고 last month he bought the Omaha World-Herald 지난 달에 그는 오마하 헤럴드 신문사를 사 들였다.) and the Presidential Medal of Freedom, 그리고 대통령 자유의 메달을 걸어 놓고 있다 awarded to him by President Obama. 오바마 대통령에 의해 그에게 수여된

3장
내면의 품위

나의 양심이 나의 스승이다

하워드의 양심이 시키는 대로 행동하는 그의 성향이 아들에게 깊은 영향력을 주었다. 그의 사진은 버핏의 사무실에 걸려있고, 몇 가지 보물로 여겨온 다른 것과 더불어 즉, 어떻게 친구를 만들고, 어떻게 사람에게 영향력을 줄 수 있는가에 대한 데일 카네기 과정 이수 증명서 그리고 1973년 보이스 타운에서 있었던 금융관리 부정에 관한 기사로 오마하 선 지에 주어진 퓨리쳐 상 (오마하 선은 그 당시 버핏이 소유했고 지난 달에 그는 오마하 헤럴드 신문사를 사 들였다.) 그리고 오바마 대통령에 의해 그에게 수여된 대통령 자유의 메달을 걸어 놓고 있다.

---

propensity 경향, 성향, 기호
conscience 양심, 도덕심, 의식
hang on 단단히 매달리다, 견디다, 버티다

treasure 보물, 소중히 하다
diploma 졸업장, 학위, 증서
awarded 상 받은

3장 내면의 품위

My conscience is my teacher

Howard's propensity for acting on the basis of his conscience deeply influenced his son. His picture hangs on the wall in Buffett's office, along with a few other treasured possessions—a diploma for completing a Dale Carnegie course on "how to make friends and influence people." a 1973 Pulitzer Prize for a story on financial mismanagement at Boys Town given to the Omaha Sun (which Buffett then owned; last month he bought the Omaha World-Herald) and the Presidential Medal of Freedom, awarded to him by President Obama.

- Howard's propensity for acting on the basis of his conscience deeply influenced his son.
  on the basis of ~을 기초로 하여, 양심을 바탕으로 하여
- a 1973 Pulitzer Prize for a story on financial mismanagement at Boys Town given to the Omaha Sun
  1973 Pulitzer Prize는 'The Omaha Sun'에 수여되었다. 'Boys Town'에서 있었던 금융관리 부정사건에 관한 기사로

(양심이 시키는 대로) 행동을 하는 하워드의 성향은 그의 아들에게 깊은 영향을 주었다.

27 내면적 장점이 있는 사람을 만났다
He met a woman who had the inner scorecard

Buffett's other hero is 버핏의 다른 영웅은 his first wife Susan Thompson Buffett, 그의 첫 번째 아내 수잔 톰슨 버핏이다 who suffered from oral cancer 그녀는 구강 암을 앓다가 and died in 2004. 2004년에 사망했다

She too had the inner scorecard. 그녀는 너무나 많은 내부적 장점들을 갖고 있었다 "In everything that's been written about me, 나에 관해서 쓴 모든 것에서 나는 I've never felt that my wife was remotely done justice to, "나는 내 아내가 전혀 공평하게 평해 졌다라는 느낌이 들지 않았다" says Buffett. 라고 버핏은 말한다

"She was just an incredibly wise and good person. "그녀는 놀라울 정도로 현명하고 좋은 사람이었다 She didn't do things with a metric attached to them. 그녀는 그들에게나 있는 '미터법'을 가지고 일을 하지는 않았다 She was just as interested in one person as in another. 그녀는 모든 사람에게 똑 같이 관심을 가졌었다

I couldn't say that about myself." 내 자신도 그렇다고 말 할 수 없을 것 같다"

3장 내면의 품위

내면적 장점이 있는 사람을 만났다

버핏의 다른 영웅은 그의 첫 번째 아내 수잔 톰슨 버핏이다. 그녀는 구강 암을 앓다가 2004년에 사망했다. 그녀는 너무나 많은 내부적 장점들을 갖고 있었다. "나에 관해서 쓴 모든 것에서 나는 내 아내가 전혀 공평하게 평해 졌다라는 느낌이 들지 않았다."라고 버핏은 말한다. "그녀는 그들에게나 있는 '미터법'을 가지고 일을 하지는 않았다. 그녀는 놀라울 정도로 현명하고 좋은 사람이었다. 그녀는 모든 사람에게 똑 같이 관심을 가졌었다. 내 자신도 그렇다고 말 할 수 없을 것 같다."

suffer 고통을 받다, 입다, 앓다, 고생하다
oral cancer 구강 암
inner scorecard 내면의 장점

remotely 멀리서, 떨어져서, 간접적으로
incredibly 믿을 수 없을 만큼, 엄청나게
metric 측정 기준, 미터법의

He met a woman who had the inner scorecard

Buffett's other hero is his first wife Susan Thompson Buffett, who suffered from oral cancer and died in 2004. She too had the inner scorecard. "In everything that's been written about me, I've never felt that my wife was remotely done justice to." says Buffett. "She was just an incredibly wise and good person. She didn't do things with a metric attached to them. She was just as interested in one person as in another. I couldn't say that about myself."

해설

- "In everything that's been written about me, I've never felt that my wife was remotely done Justice to"
  나에 관해 쓴 모든 것 중에서 "나의 아내는 조금도 공평하게 평해졌다는 느낌이 들지 않았다"

  remotely ~ 전혀
  do justice to someone ~ 에 대해 공평하게 처리하다

28 아내가 나를 완성시켜 주었다
My wife has nurtured me what I am

The two met in 1950 두 사람은 1950년에 만났다 through Warren's sister Bertie, 버핏 여동생 버티를 통해서 who attended Northwestern University with Susie. 버티는 수지와 같이 노스 웨스턴 대학을 다녔다

They married two years later, 그들은 2년 뒤에 결혼했다 after Buffett had done a stint 얼마 동안 일을 한 후 at Columbia Business School in New York City 버핏이 콜럼비아 경영 대학에서 and gone to work as an investor on Wall Street 월스트리트에 투자가로 일하기 위하여 갔고 and then for himself in Omaha. 그 후 오마하에서 혼자서 일을 했을 때

"She put me together." he says simply, "그녀는 나를 완성시켜주었다"라고 버핏은 분명히 이야기 하고 있다 and by all accounts, it's true. 누구 말을 들어봐도 이 말은 사실이다

3장
내면의 품위

아내가 나를 완성시켜 주었다

두 사람은 버핏의 여동생 버티를 통해서 1950년에 만났다. 버티는 수지와 같이 노스웨스턴 대학을 다녔다. 그들은 버핏이 콜럼비아 경영대학에서 얼마 동안 일을 했고, 월스트리트에 투자가로 일하기 위하여 갔고 그 후 오마하에서 혼자서 일을 한 2년 후에 결혼했다. "그녀는 나를 완성시켜주었다."라고 버핏은 분명히 이야기 하고 있다. 누구 말을 들어봐도 이 말은 사실이다.

attend 출석하다, 다니다, 주의하다
stint 일정 기간, 제한, 절약하다, 한정, 줄이다,

by all accounts 누구에게 들어도, 어느 보도를 보아도

My wife has nurtured me what I am

The two met in 1950 through Warren's sister Bertie, who attended Northwestern University with Susie. They married two years later, after Buffett had done a stint at Columbia Business School in New York City and gone to work as an investor on Wall Street and then for himself in Omaha. "She put me together." he says simply, and by all accounts, it's true.

- after Buffett had done a stint at Columbia Business School,
  그는 콜럼비아 경영 대학원에서 얼마간 일했다.
  do a stint at ~에서 일정기간 일을 하다.
  예) He did a stint in the service. 그는 군에 복무했다.
- ~ and by all accounts, it's true.
  by all account ~ according to what everyone says 누구 말을 들어봐도
- he says simply,
  simply 분명히

29 수지는 워런 집안의 교육자였다
Susie was a nurturer of his family

Susie was a born nurturer who took care of everything 수지는 모든 것을 잘 처리했던 타고난 교육자였다 from dressing Warren to caring for their home 워런 버핏의 옷을 챙겨주는 일에서부터 그들의 집을 돌보고 and three children to arranging their social life 세 자녀들을 돌보는 일에서부터 그들의 사회생활을 돌보고 and engaging with his family. 버핏의 가족과 사귀는 일에 이르기까지
Warren's mother Leila was a difficult woman 워런의 어머니 레일라는 어려운 여성이었다 prone to hysteria 히스테리를 잘 부리고 and vicious verbal attacks on her children. 그들 자녀들에 대해서 구두 공격이 심한

Susie headed her off and managed her needs 수지는 그녀를 잘 다스려 그녀의 필요를 잘 돌보아 주었고 so that Warren could be left to do 그래서 워런이 간섭을 받지 않을 수 있었다 what he was good at—making money. 그래서 워런이 잘 하는 일—돈 버는 일을 할 수 있도록

수지는 워런 집안의 교육자였다

수지는 워런 버핏의 옷을 챙겨주는 일에서부터 그들의 집을 돌보고 세 자녀들을 돌보는 일에서부터 그들의 사회생활을 돌보고 버핏의 가족과 사귀는 일에 이르기까지 모든 것을 잘 처리했던 타고난 교육자였다. 워런의 어머니 레일라는 히스테리가 심하고 그들 자녀들에 대해서 구두 공격이 심한 여성이었다. 수지는 그녀를 잘 다스렸고 그녀의 필요를 잘 돌보아 주었고 그래서 워런이 잘 하는 일—돈 버는 일을 할 수 있도록 간섭을 받지 않을 수 있었다.

country club 사교장
briskly 활발하게, 기운차게
preferably 되도록이면, 가급적

nurture 양육, 키우다, ~을 가르치다, 교육자
prone to ~하기 쉽다, 경향이 있다

3장
내면의 품위

Susie was a nurturer of his family

Susie was a born nurturer who took care of everything from dressing Warren to caring for their home and three children to arranging their social life and engaging with his family. Warren's mother Leila was a difficult woman prone to hysteria and vicious verbal attacks on her children. Susie headed her off and managed her needs so that Warren could be left to do what he was good at—making money.

 해설

- **Susie headed her off and managed her needs**
  수지는 그녀의 행동이 거칠지 못하게 잘 막고 (잘 다스리고) 또 필요한 것을 잘 돌보아 주었다
  <u>head someone off</u> 어떤 사람의 길을 막다
  <u>manage one's need</u> 누구의 필요를 관리하다
- **so that Warren could be left to do what he was good at—making money.**
  수지는 그녀의 행동을 잘 관리하고 그녀가 필요한 것을 관리해 주어서 그래서 워런이 그가 잘 하는—돈 버는 일을 할 수 있도록 간섭을 받지 않도록 내버려 두었다.
  <u>so that</u>은 앞에 언급한 이야기의 일부분이 어떻게 다음으로 이어지는 가를 나타내기 위해 '그래서'의 의미

30 아내의 영향으로 자선가가 되었다
My wife, Susie, was responsible for my charities

But she was also responsible for deeper transformations, 그녀는 더욱 깊은 전환을 하게 끔 했다 like Warren's conversion from Republican to Democrat. 워런이 공화당원으로부터 민주당원으로 바뀌어진 것과 같은

A civil rights supporter, Susie A급 민권 지원자였던 수지는 was involved in helping integrate Omaha in the 1960s, 1960년대 오마하를 하나로 통합하는데 힘을 보탰고 going so far as to front for blacks 흑인들을 위해 앞장 선 정도로 활동하는데 관련했다 who wanted to buy houses in white neighborhoods. 그 당시의 백인 마을에 집을 사기를 원했던

She took Warren 그녀는 워런을 데리고 갔다 to hear people like Martin Luther King Jr. speak. 마틴 루터 킹 주니어와 같은 사람들의 연설을 들으러 One speech in particular, given at Iowa's Grinnell College, 특히 아이오와 그린넬 대학에서 행해졌던 특별한 연설은 became a turning point for Buffett. 버핏한테 인생의 전환점이 되었다.

3장
내면의 품위

아내의 영향으로 자선가가 되었다

그녀는 워런이 공화당원으로부터 민주당원으로 바뀌어진 것과 같은 더욱 깊은 전환을 하게 끔 했다. A급 민권 지원자였던 수지는 1960년대 오마하를 하나로 통합하는데 힘을 보탰고 그 당시의 백인 마을에 집을 사기를 원했던 흑인들을 위해 앞장 선 정도로 활동하는데 관련했다. 그녀는 워런을 데리고 마틴 루터 킹 주니어와 같은 사람들의 연설을 들었다. 특히 아이오와 그린넬 대학에서 행해졌던 특별한 연설은 버핏한테 인생의 전환점이 되었다.

conversion 전환, 변환, 전향
civil rights 시민권, 시민 권리
integrate 통합하다, 포함하다, 융합하다, ~을 합치다

so far as ~하는 한, ~까지
turning point 전환기, 위기, 전환점

My wife, Susie, was responsible for my charities

But she was also responsible for deeper transformations, like Warren's conversion from Republican to Democrat. A civil rights supporter, Susie was involved in helping integrate Omaha in the 1960s, going so far as to front for blacks who wanted to buy houses in white neighborhoods. She took Warren to hear people like Martin Luther King Jr. speak. One speech in particular, given at Iowa's Grinnell College, became a turning point for Buffett.

- But she was also responsible for deeper transformations, like Warren's conversion from Republican to Democrat.
  그녀는 '워런'이 공화당원으로부터 민주당원으로 전환하는 좀 더 깊은 전환을 하게끔 만들었다.
  responsible for ~ causing something ~을 발생시키다

31 수지가 세상을 다시 생각하게 만들었다
Susie made me think of this world again

The topic was "Remaining Awake During a Revolution." 그 제목은 "혁명 동안에 남아있는 자여 잠을 깨라" and one line in particular 그리고 특히 여기의 한 구절이 chimed deeply with the young investor: 이 젊은 투자가의 마음 깊은 곳에 충격을 주었다 "It may be true that the law can't change the heart." "법이 사람의 마음을 바꿀 수 없다는 것이 사실일 지 모른다 said King, "but it can restrain the heartless." "그러나 이것은 몰인정한 마음을 저지시킬 수는 있다."라고 킹은 이야기 했다 It was something that Buffett began to think deeply about. 이것은 버핏이 깊이 생각하기 시작한 무엇 인가였다

Led by Susie, 수지에 의해서 he became more involved in liberal politics, 이끌려서 버핏은 자유주의 정치에 더욱 개입하게 되었고 helping overturn anti-Semitic membership rules 오마하 클럽에 반유대주의 회원 규정을 폐지시키는 역할을 했고 at the Omaha Club and doing Democratic fundraising 민주당 정치 자금 모금 일을 하는 계기가 되었다 at a national level. 이것은 전 국가적인 차원에서

> 3장
> 내면의 품위

수지가 세상을 다시 생각하게 만들었다

그 제목은 "혁명 동안에 졸지 말고 깨어 있어라" 그리고 특히 여기의 한 구절이 이 젊은 투자가의 마음 깊은 곳에 충격을 주었다. "법이 사람의 마음을 바꿀 수 없다는 것이 사실일 지 모른다. 그러나 이것은 몰인정한 마음을 저지시킬 수는 있다."라고 킹은 이야기 했다. 이것은 버핏이 깊이 생각하기 시작한 무엇인가였다. 수지에 의해서 이끌려서 버핏은 자유주의 정치에 더욱 개입하게 되었고 오마하 클럽에 반유대주의 회원 규정을 폐지시키는 역할을 했고 그리고 이것은 전 국가적인 차원에서 민주당 정치 자금 모금 일을 하는 계기가 되었다.

---

revolution 혁명, 큰 변혁
chime 종, 울리다, 일치하다, 조화가 잘 된 음, 선율, 음악
investor 투자가
restrain 제한하다, 자제하다, 금지하다, 검거하다, 말리다
heartless 무정한, 냉혹한, 매정한, 잔인한

liberal 진보적인, 자유로운, 개방적인, 관대한, 아끼지 않는, 많은, 풍부한, 편견이 없는, 공평한
Liberal politics 자유주의 정치
overturn 바꾸다, 뒤집다, 이겨내다, 쓰러뜨리다, 뒤집다, 전복시키다
anti-Semitic 반 유대인, 셈어, 셈족
fundraising 자금 조달, 모금

3장 내면의 품위

Susie made me think of this world again

The topic was "Remaining Awake During a Revolution," and one line in particular chimed deeply with the young investor: "It may be true that the law can't change the heart," said King, "but it can restrain the heartless." It was something that Buffett began to think deeply about. Led by Susie, he became more involved in liberal politics, helping overturn anti-Semitic membership rules at the Omaha Club and doing Democratic fundraising at a national level.

해설

- **Led by Susie, he became more involved in liberal politics,**
  Led by Susie, 수지에 이끌려서,
  more involved in liberal politics 자유주의 정치에 관련한 (~에 말려든)
- **helping overturn anti-Semitic membership rules~**
  반유대주의 회원규정을 뒤집는(폐지하는) 일을 도왔다.
  helping = and she helped

32 그녀는 위대한 기증자다
She was a great giver

It was the first time there 처음 있는 일이었다 had been space in Warren's life 워런의 생애에서 여유가 생긴 것은 for anything outside of moneymaking, 돈 버는 일 이외에 다른 일에 and it was Susie's doing. 그것은 아내 수지가 했던 것이었다

She was "a great giver," he says, 그녀는 "위대한 베푸는 사람"이었고 "and I was a great taker." "나는 받는 사람이었다."라고 버핏이 말한다 But the dichotomy eventually resulted in separation. 그러나 그 이분법은 마침내 별거의 결과가 되었다

After their children were grown, Susie, 그들 자녀가 성장한 뒤에 수지는 who hungered for a life of arts and culture 예술과 문화의 세계를 갈망했고 that she could never have in Omaha 그것은 오마하에서는 할 수가 없었던 것이며 and who wanted to pursue a career as a singer, 가수로서의 일을 추구하고 싶어했다 decided to move out of their home 그들의 집을 떠나기로 결심했다 and into an apartment in San Francisco. 그리고 샌프란시스코의 한 아파트로 이사하기로 Warren reluctantly agreed. 워런은 마지못해 동의했다 "We were like two parallel lines." "우리는 두 개의 평행선 같다." she said in an interview with Charlie Rose 라고 그녀는 찰리 로즈와의 인터뷰에서 말했다 two months before her death. 죽기 두 달 전

"He was very intellectual, "그는 대단히 지성적이었고 always reading and thinking big thoughts. 언제나 책을 읽고 큰 생각을 하는 사람이었고 I learned to have my own life." 나는 내 인생을 살아야 한다는 것을 배웠다."

3장
내면의 품위

그녀는 위대한 기증자다

워런의 생애에서 돈 버는 일 이외에 다른 일에 여유가 생긴 것은 처음 있는 일이었고 그것은 아내 수지가 했던 것이었다. 그녀는 "위대한 베푸는 사람"이었고 "나는 받는 사람이었다."라고 버핏이 말했다. 그러나 그 이분법은 마침내 별거의 결과가 되었다. 그들 자녀가 성장한 뒤에 수지는 예술과 문화의 세계를 갈망했고 그것은 오마하에서는 할 수가 없었던 것이며, 가수로서의 일을 추구하고 싶어했다. 그들의 집을 떠나서 샌프란시스코의 한 아파트로 이사하기로 결심했다. 워런은 마지못해 동의했다. "우리는 두 개의 평행선 같았다." "그는 대단히 지성적이었고 언제나 책을 읽고 큰 생각을 하는 사람이었고 나는 내 인생을 살아야 한다는 것을 배웠다."라고 그녀는 죽기 두 달 전 찰리 로즈와의 인터뷰에서 말했다.

---

dichotomy 이분법, 이항 대립
eventually 결국, 최종적으로, 마침내
separation 분리, 별거
hunger 갈망, 허기, 공복
pursue 추구하다, 추진하다, 계속하다, 따라다니다, 실행해 가다, 깊이 빠져들다

move out 전출하다, 이사 가다, 옮기다
reluctantly 마지못해, 억지로, 마음 내키지 않다
parallel 평행, 유사, 비슷한, 비교, 같은 방향의, 대응하는
intellectual 지적인, 지식인다운

She was a great giver

It was the first time there had been space in Warren's life for anything outside of moneymaking, and it was Susie's doing. She was "a great giver," he says, "and I was a great taker." But the dichotomy eventually resulted in separation. After their children were grown, Susie, who hungered for a life of arts and culture that she could never have in Omaha and who wanted to pursue a career as a singer, decided to move out of their home and into an apartment in San Francisco. Warren reluctantly agreed. "We were like two parallel lines," she said in an interview with Charlie Rose two months before her death. "He was very intellectual, always reading and thinking big thoughts. I learned to have my own life."

- It was first time (that) there had been space ~
  It~ that: that 절 주어가 there is, there have been, there had been 이 올 때 'that'은 생략된다
- ~ in Warren's life for anything outside of moneymaking,
  'for anything outside of moneymaking'은 'space'에 연결된다.
  and it was Susie's doing. 돈 버는 것 이외의 일은 '수지'가 하는 일이다.
  it은 'anything outside of moneymaking'을 가리킨다.

33 나는 수지에게 깊이 감사한다
I thank Susie very much for what I am

But Susie worried about Warren, 그러나 수지는 워런이 걱정되었다 who was socially and practically inept. 사회적으로나 실제 생활에서 서투른 "I'm lucky if I can get him to comb his hair," she said. "그가 자신의 머리를 빗을 수 있다면 나는 운이 좋은 사람이다"라고 그녀는 말했다 "He needs help." "그는 도움을 필요로 한다"

So she introduced him to Astrid Menks, 그래서 그녀는 아스트리드 멘크를 그에게 소개했다 a hostess at a local French restaurant 그 지역 프랑스 음식점 여주인이자 and a friend of Susie's 수지 친구인 who became his mistress and eventually, 그녀는 애인이 되었고 마침내 after Susie's death, his wife. 수지 사망 후에 그의 아내가 되었다

"I called Astrid. "나는 아스트리드에게 전화해서 I said, 말했다 Astrid, will you take Warren, 워런을 받아주지 않을래, make him some soup, go over there and look after him?" 그에게 스프를 만들어주고 거기에 가서 그를 보살펴 주지 않겠니?"
She did. And she stayed. 그녀는 그렇게 했고 버핏에게 머물렀다
It all happened consensually; 이 모든 것은 합의에 의해 이루어졌고 the three even sent out Christmas cards together. 셋은 함께 크리스마스 카드까지 보냈다 It worked for all of them. 그것은 모두에게 효과적이었다.
"He appreciates it, and I appreciate it." said Susie. "그는 고맙게 생각했고 나도 그 일에 대해 감사했다." "She's a wonderful person." "친구는 좋은 사람이다"라고 수지가 말했다

3장 내면의 품위

나는 수지에게 깊이 감사한다

그러나 수지는 사회적으로나 실제 생활에서 서투른 워런이 걱정되었다. "그가 자신의 머리를 빗을 수 있도록 만들 수 있다면 나는 운이 좋은 사람이다" "그는 도움을 필요로 한다"고 그녀는 말했다. 그래서 그녀는 아스트리드 멘크라는 친구이자 프랑스 음식점 여주인을 그에게 소개해서 그녀는 애인이 되었고 수지 사망 후에 그의 아내가 되었다. "나는 아스트리드에게 전화해서 말했다. 워런을 받아주지 않을래, 그에게 스프를 만들어주고 거기에 가서 그를 보살펴 주지 않겠니?" 그녀는 그렇게 했고 버핏에게 머물렀다. 이 모든 것은 합의에 의해 이루어졌고 셋은 함께 크리스마스 카드까지 보냈다. 그것은 모두에게 효과적이었다. "그는 고맙게 생각했고 나도 그 일에 대해 감사했다." "친구는 좋은 사람이다"라고 수지가 말했다.

---

inept 적성이 없는, 서투른, 어리석은
hostess 여주인
mistress 정부, 연인
go over 건너가다, 투항하다, 바뀌다, 근접하다, 이사하다
look after 돌봐주다, 보살피다, ~을 지켜보다, 보살피다, 시중들다

consensually 대체로 동의하여, 합의에 의하여
appreciate 감사하다, 인정하다, 감상하다, 평가하다, 이해하다

3장
내면의 품위

I thank Susie very much for what I am

But Susie worried about Warren, who was socially and practically inept. "I'm lucky if I can get him to comb his hair," she said. "He needs help." So she introduced him to Astrid Menks, a hostess at a local French restaurant and a friend of Susie's who became his mistress and eventually, after Susie's death, his wife. "I called Astrid. I said, Astrid, will you take Warren, make him some soup, go over there and look after him?" She did. And she stayed. It all happened consensually; the three even sent out Christmas cards together. It worked for all of them. "He appreciates it, and I appreciate it," said Susie. "She's a wonderful person."

해설

- "I called Astrid. I said, Astrid, will you take Warren, make him some soup, go over there and look after him?"
  Will you take Warren? ~ 워런을 받아들이겠니? Make him some soup~ 그에게 스프도 만들어 주고, go over there ~ 그곳에 가서 and look after him? 그를 돌보아 줄래?
- It worked for all of them.
  이것은 그들 모두를 위해 계획대로 진행되었다.

34

관점은 같았지만 다른 방법으로 생을 살았다
I had a same view as hers, but we lived different way of life

Seven years on from Susie's death, Buffett is 수지의 사망일로부터 7년이 된 버핏은 still coming to terms with it all. 아직도 이 모든 것을 여전히 간직하고 있다 When I ask 내가 물었을 때 if he regretted being apart from her 수지와 서로 떨어져 있었던 것을 후회하지 않느냐고 in her final years, 수지 말년에 he insists, 그는 말했다

"We didn't live that separately. "우리는 그 정도로 떨어져 살지는 않았다 We were as connected in the last years of her life, 그녀의 마지막 몇 년 동안에 우리는 서로 연락을 취했고 perhaps more connected, than we'd ever been. 어쩌면은 이전에 했던 것보다 더 많이 서로 연결이 되어 있었다 We had exactly the same view of the world. 우리들은 정확하게 말해서 세계에 대해서도 똑 같은 견해를 가지고 있었다 We just didn't want to go about it in the same way." 그러나 단지 우리들은 똑 같은 방법으로 다루기를 원치 않았을 뿐이다

He tells me about her interview 그는 나에게 수지의 대화에 대해서 이야기해 준다 with Rose, the only major one she ever granted, 그것은 수지가 이전에 허용했던 단 한 중요한 사람인 로즈와 which was done with his encouragement, 이 인터뷰는 버핏의 주선으로 이루어졌다 because he wanted the world to better understand 왜냐하면 버핏은 세상사람들이 좀 더 잘 이해할 수 있기를 원했기 때문에 the woman who was most important to him. 자기에게 가장 중요했던 여성을

**3장
내면의
품위**

관점은 같았지만 다른 방법으로
생을 살았다

수지의 사망일로부터 7년이 된 버핏은 아직도 이 모든 것을 여전히 간직하고 있다. 내가 수지 말년에 수지와 서로 떨어져 있었던 것을 후회하지 않느냐고 그에게 물었을 때 그는 그 정도로 떨어져 살지는 않았다고 말했다. 그녀의 마지막 몇 년 동안에 이전과 마찬가지로 서로 연락을 취했고 어쩌면은 이전에 했던 것보다 더 많이 서로 연결이 되어 있었다. 우리들은 정확하게 말해서 세계에 대해서도 똑 같은 견해를 가지고 있었다. 그러나 단지 우리들은 똑 같은 방법으로 다루기를 원치 않았을 뿐이다. 그는 나에게 그녀가 이전에 허용했던 단 한 중요한 사람인 로즈와 수지가 주고 받았던 대화에 대해서 이야기해 준다. 이 인터뷰는 버핏의 주선으로 이루어졌다. 왜냐하면 버핏은 자기에게 가장 중요했던 여성을 세상사람들이 좀 더 잘 이해할 수 있기를 원했기 때문이다.

---

term 기간, 관계, 친한 사이, 말투, 학기, 조건, 요금.
regret 후회하다, 유감, 아쉬움

apart from 제외하고, 별도로, 이외는
grant 부여하다, 주다, 허가하다, 승인하다
encouragement 격려, 장려, 용기

I had a same view as hers, but we lived a different way of life

Seven years on from Susie's death, Buffett is still coming to terms with it all. When I ask if he regretted being apart from her in her final years, he insists, "We didn't live that separately. We were as connected in the last years of her life, perhaps more connected, than we'd ever been. We had exactly the same view of the world. We just didn't want to go about it in the same way." He tells me about her interview with Rose, the only major one she ever granted, which was done with his encouragement, because he wanted the world to better understand the woman who was most important to him.

- Seven years on from Susie's death, Buffett is still coming to terms with it all.
  come to terms with sth (곤란한 일을) 받아들이다, (곤란 등)을 견디며 해나가다
- When I ask if he regretted being apart from her in her final years, he insists,
  그녀 말년에 그녀로부터 떨어져 있었던 것을 후해하는가를 그에게 물었을 때, 동사 'regret' + ing(동명사)
- We didn't live that separately.
  'that'은 부사로써 '그 정도로'의 의미) 우리들은 후해할 정도로 서로 떨어져 살지는 않았다.

35 눈시울을 붉혔다
He was with tears glistening in his eyes

Then his cheerful face crumples, 그 때 그의 명랑한 얼굴이 일그러지면서 and he bursts into tears. 눈물을 떨어뜨린다

"Her death is—it's just terrible. 그녀의 죽음은 정말 끔찍한 일이다 It's the only thing that's really up there." he says, "죽음에는 오직 끔찍한 일만이 있다"라고 그는 이야기 한다 his voice shaking. 그의 목소리가 떨리면서 "I still can't talk about it." 나는 아직도 그녀의 죽음에 대해서 이야기할 수 없다.

It takes several moments, 시간이 몇 분 더 걸린다 as we sit together at the table 우리가 식탁에 같이 앉아서 overlooking the golf course 골프장을 내려다 보고 있을 때 at the Happy Hollow Club, 해피 홀로우 클럽에 있는 for Buffett to recover. 버핏이 감정이 다시 회복되는 데는

I put my hand on his arm. 나는 그의 손에 내 손을 얹었다 Eventually, we move on 최종적으로 우리들은 옮겼다 to an easier subject—his investments. 좀 더 쉬운 대화로

3장 내면의 품위

눈시울을 붉혔다

그 때 그의 명랑한 얼굴이 일그러지면서 눈물을 떨어뜨린다. 그녀의 죽음은 정말 끔찍한 일이다. 죽음에는 오직 끔찍한 일만이 있다. 그의 목소리가 떨리면서 그렇게 이야기 한다. "나는 아직도 그녀의 죽음에 대해서 이야기할 수 없다." 우리들이 식탁에 같이 앉아서 해피 홀로우 클럽에 있는 골프장을 내려다 보고 있을 때 버핏이 감정이 다시 회복되는 데는 시간이 몇 분 더 걸린다. 나는 그의 손에 내 손을 얹었다. 최종적으로 우리들은 좀 더 쉬운 대화로 옮겼다.

---

cheerful 쾌활한, 유쾌한, 즐거운
crumple 구겨지다, 갑자기 풀이 죽다, 우울한 표정이 되다, 무너지다, ~을 압도하다
burst 터뜨리다, 터지다, 폭발하다, 분출하다
burst into 뛰어들다, 별안간 ~하기 시작하다

burst into tears 갑자기 울음을 터뜨리다
up there 천국에서
shaking 흔들기, 한 번 흔들기, 떨림, 오한
recover 회복하다, 복구하다
overlook 위에서 내려다보다

3장
내면의 품위

He was with tears glistening in his eyes

Then his cheerful face crumples, and he bursts into tears. "Her death is—it's just terrible. It's the only thing that's really up there." he says, his voice shaking. "I still can't talk about it." It takes several moments, as we sit together at the table overlooking the golf course at the Happy Hollow Club, for Buffett to recover. I put my hand on his arm. Eventually, we move on to an easier subject—his investments.

해설

- "Her death is—it's terrible. It's the only thing that's really up ther."
  그녀의 죽음 - 그것은 끔찍하다. It's the only thing. 'It' 는 끔찍함을 말한다.
  that's really up there.
  'there' 은 죽음을 의미. 죽음에 실제로 생기는 것은
  그녀의 죽음—그것은 끔찍하다. 죽음에서 발생하는 것은 오직 끔찍한 일뿐이다.

4장

미국을 사들이다

BUY
AMERICA

36 나는 가치투자를 한다
I am a 'value investor'

As anyone who reads the financial press knows, 금융 신문을 읽고 있는 사람이 알고 있다시피 Buffett 버핏은 is a 'value investor'. '가치 투자가'다 which means 이것은 의미이다 that he seeks to buy companies and stocks 그는 회사와 주식을 사려고 노력한다 that are selling for less 더 싸게 팔리고 있는 than they are fundamentally worth. 근본적으로 실제 가격보다도

It's a skill he learned 이것은 배운 기술이다 from his Columbia Business School 콜럼비아 경영대학원의 professor Benjamin Graham, 벤자민 그램 교수로부터 whose book The Intelligent Investor 그의 저서 '현명한 투자가'라는 이 책에서

Buffett memorized early in his career. 버핏이 투자 직업 초기에 기억했던 Value investing is a task 가치 투자는 일이다 that involves forensic examination 과학수사를 하듯이 조사하는 of a company's balance sheet. 한 회사의 재정구조를

4장
미국을 사들이다

나는 가치투자를 한다

금융 신문을 읽고 있는 모든 사람이 알고 있다시피 버핏은 '가치 투자가'다. 이것은 그는 근본적으로 실제 가격보다도 더 싸게 팔리고 있는 회사와 주식을 사려고 노력한다는 의미이다. 이것은 그가 콜럼비아 경영대학원 벤자민 그램 교수의 저서 버핏이 투자 직업 초기에 기억했던 '현명한 투자가'라는 이 책에서 배운 기술이다. 가치 투자는 한 회사의 재정구조를 과학수사를 하듯이 조사하는 일이다.

---

buy 투자하다
press 출판물, 간행물
Financial press 금융신문
Value investor 가치투자
stock 주식, 증권
intelligent 똑똑한, 총명한, 지적인, 머리가 좋은
forensic 법정의, 변론의, 토론의, 수사적, 과학수사 연구

examination 시험, 검사, 조사, 진찰
Forensic examination (범죄에 대한) 과학수사
balance sheet 대차 대조표
Than they are fundamentally worth 그들의 실제 가치보다

4장
미국을
사들이다

I am a 'value investor'

As anyone who reads the financial press knows, Buffett is a 'value investor'. which means that he seeks to buy companies and stocks that are selling for less than they are fundamentally worth. It's a skill he learned from his Columbia Business School professor Benjamin Graham, whose book The Intelligent Investor Buffett memorized early in his career. Value investing is a task that involves forensic examination of a company's balance sheet.

해설

- he seeks to buy companies and stocks that are selling for less than they are fundamentally worth.
  seek to buy 사려고 노력한다
  they 는 앞에 언급된 'companies and stocks'을 가리키는 대명사 이다.
  sell for less than ~보다 적은 액수로 팔리다.
  than they are fundamentally worth.
  they는 companies and stocks 그들의 실제 가격보다

37 숫자와 정보의 광이다
He is a numbers and information geek

It was one to which Buffett, 버핏에 맞는 일이었다 a numbers geek who'd read every book 모든 책을 다 읽어 버리는 숫자의 천재인 in the Omaha public library by the age of 11 이것은 버핏이 오마하 공립 도서관에서 나이 11살 때 and who enjoys poring over Moody's Manuals 이미 무디의 매뉴얼을 항상 들여다 보았던 in his spare time while eating potato chips, 감자 칩을 먹는 남는 시간에도 was well suited. 잘 어울리는

Even now, he can call to mind prodigious amounts of data, 지금도 그는 중요한 엄청난 데이터를 지금도 외울 수 있다 from the value of the Dow in 1932 1932년도 다우 존스 산업 지수 수치에서부터 to the number 숫자까지 of housing starts needed to equal 2006 rates. 필요로 되는 2006년도의 주택 숫자에 이르기까지

4장
미국을 사들이다

숫자와 정보의 광이다

이것은 버핏이 오마하 공립 도서관에서 나이 11살 때 이미 모든 책을 다 읽고 감자 칩을 먹는 시간에도 남는 시간에도 무디의 매뉴얼을 항상 들여다 보았던 숫자의 천재 버핏에 잘 어울리는 일이었다. 지금도 그는 1932년도 다우 존슨 산업 지수 수치에서부터 필요로 되는 2006년도의 주택 숫자에 이르기까지 중요한 엄청난 데이터를 지금도 외울 수 있다.

---

geek 괴짜, 컴퓨터 통, 술주정뱅이, 모범생, 공부벌레
numbers geek 숫자의 귀재
public library 공립 도서관
pore 응시하다, 작은 구멍, 모공, 심사 숙고하다, 차분히 연구하다, 숙독하다, 열중하다
pore over 열심히 연구하다

spare time 여가 시간
prodigious 엄청난, 막대한, 거대한, 놀라운, 비상한
housing starts 주택 건축 착공 수 (특정 기간)
well suited ~에 적합한, 알맞은
call to mind 상기시키다, 기억에 떠 올리다.

He is a numbers and information geek

It was one to which Buffett, a numbers geek who'd read every book in the Omaha public library by the age of 11 and who enjoys poring over Moody's Manuals in his spare time while eating potato chips, was well suited. Even now, he can call to mind prodigious amounts of data, from the value of the Dow in 1932 to the number of housing starts needed to equal 2006 rates.

- **Buffett, a numbers geek, was well suited to it.**
  숫자의 귀재 'Buffett'은 이 일에 적합한 사람이었다.
  이 문장을 다음 문장으로 바꾸어보자: ~one to which Buffett, numbers geek, was suited. to it 구의 'to' 는 관계대명사 앞에 놓인다.

38

주택 시장이 살아나면 경기도 살아난다
When the housing market recovers, economy revitalizes

Buffett believes 버핏은 믿고 있다 that once the housing market recovers, 주택 시장이 회복되면 the U.S. economy will be back on track. 미국 경제도 궤도에 다시 진입할 것이라고

"Once we get back to a million housing starts per year" 우리들이 매년 백만 채의 집을 짓는 상태로 되돌아 오면 —the current tally is 685,000 현재 숫자는 1년에 685,000채의 집을 짓는데 —"I think pundits will be surprised 나는 전문가들이 놀랄 것이라고 생각한다 just how fast unemployment will come down 실업 율이 얼마나 빨리 줄어드는가에 대하여 in this country." 이 나라에 he says. 그는 말한다

"There are 4 million people hitting age 22 22세 나이가 되는 400만의 사람들이 있다 every year in this country." 매년 이 나라에

주택 시장이 살아나면 경기도 살아난다

버핏은 주택 시장이 회복되면 미국 경제도 궤도에 다시 진입할 것이라고 믿고 있다. 우리들이 매년 100만개의 집을 짓는 상태로 되돌아 오게 되면 현재 숫자는 1년에 685,000채의 집을 짓는데 전문가들이 이 나라에 실업 율이 얼마나 빨리 줄어드는가 그것만 가지고도 놀랄 것이라고 생각한다. "이 나라에는 매년 400만의 사람들이 22세 나이가 된다."

---

on track 궤도에 올라, 놓치지 않고 따라가다, 순조롭게 나아가다
get back 되돌리다, ~을 되찾다, 돌아가다
will be back 되돌아 올 것이다
tally 합계, 계산, 자동 계산기, 계산 단위

pundit 전문가, 권위자, 대학자, 인도의 석학
unemployment 실업
come down 떨어지다, 내려오다, 내려가다
hit age 22 나이 22세에 달하다

4장
미국을
사들이다

When the housing market recovers, economy revitalizes

Buffett believes that once the housing market recovers, the U.S. economy will be back on track. "Once we get back to a million housing starts per year"—the current tally is 685,000—"I think pundits will be surprised just how fast unemployment will come down in this country." he says. "There are 4 million people hitting age 22 every year in this country."

해설

- Buffett believes that once the housing market recovers, the U.S. economy will be back on track.
  <u>once as soon as, when</u> 일단 ~ 하면
  once the housing market recovers ~주택시장이 회복되면, the U.S. economy will be back on track. 미국 경제도 본 괘도 위로 되돌아 올 것이다.
- "There are 4 million people hitting age 22 every year in this country"
  22세에 달하는 400 만의 사람들

39 '비주택' 투자가 여전히 강세를 보인다
Non-housing business is still strong

Sure, 확실히 you can double up on households for a while, 당분간은 세대에 들어가서 같이 사용 할 수 있다 but at some point, hormones kick in, 그러나 어떤 시점에 가면 신경전이 생기기 시작하면 and living with your in-laws loses its allure." 법적 가족과 같이 산다는 것은 매력을 잃어버린다

Buffett notes that nearly every one 버핏은 하나하나가 다 있다고 말한다 of his major nonhousing businesses 그의 주요한 비주택 사업체 중 has had several strong quarters, 여러 가지의 장점을 가지고 and Berkshire companies 버크셔 회사는 are making a record number of investments, 투자의 기록을 세우고 있고 the vast majority of which are in the U.S. 이 투자 중에 거의 대부분은 미국 내에 있다

"I am 100% sure that people in this country "나는 더 많은 사업을 하게 될 것이라고 100% 확신한다 will be doing more business 10 years from now 이 나라에 있는 사람들이 지금부터 10년 후에는 than they are today." 오늘날보다"

4장
미국을 사들이다

'비주택' 투자가 여전히 강세를 보인다

확실히 당분간은 세대에 들어가서 같이 사용 할 수 있다. 그러나 어떤 시점에 가면 신경전이 생기기 시작하면 법적 가족과 같이 산다는 것은 매력을 잃어버린다. 버핏은 그의 주요한 비주택 사업체 중 하나하나가 다 여러 가지의 장점을 가지고 있다고 말한다. 버크셔 회사는 투자의 기록을 세우고 있고 이 투자 중에 거의 대부분은 미국 내에 있다. 그는 "나는 이 나라에 있는 사람들이 지금부터 10년 후에는 오늘날보다 더 많은 사업을 하게 될 것이라고 100% 확신한다"고 말한다.

---

double up 동거하다, 같이 집에 거처하다, 한 방을 쓰다, 둘이서 함께 먹다
kick in 시작하다, 효과가 나타나다, 기부하다, 듣다
kick 차다, 발길질, 끊다, 쏘는 맛, 속도를 내다, 서둘러 가다, 득점하다, 판돈을 더 많이 걸다

at some point 어느 시점에서는
allure 유혹하다, 매혹하다, 꾀다, 매력
nonhousing 주택이 아닌, 비주택
quarter 분야, 분기, 1/4, 25센트, 3개월, 15분

Non-housing business is still strong

Sure, you can double up on households for a while, but at some point, hormones kick in, and living with your in-laws loses its allure." Buffett notes that nearly every one of his major nonhousing businesses has had several strong quarters, and Berkshire companies are making a record number of investments, the vast majority of which are in the U.S. "I am 100% sure that people in this country will be doing more business 10 years from now than they are today."

- Buffett notes that nearly everyone one of his major nonhousing businesses has had several strong quarters.
  버핏은 그의 주요한 비주택 분야의 사업 중 모든 사업이 여러 가지의 강한 분야가 있다고 말하고 있다.
- And Berkshire companies are making a record number of investment, the vast majority of which are in the U.S.
  버크셔 회사들은 기록적인 액수의 투자를 하고 있고, 그것 중 대부분은 투자. (the vast majority of Which)는 미국 내에 있다.

40 미국에 대한 전망은 낙관적이다
The view on America is bullish

It's easier to have a bullish view on America from Omaha, 오마하부터 보는 미국에 대한 생각이 다시 성장으로 돌아설 것이라고 쉽게 생각할 수 있다 where unemployment is only 4%, 즉, 실업률이 불과 4%고 family-owned businesses abound, 자영업이 많고 and the economy in general was never as bifurcated 일반적인 모든 경제는 그렇게 분할 된 적이 없는 as in many coastal or Rust Belt areas. 많은 해안 지대나 광산지대에 있어서와 같이

But Buffett insists 그러나 버핏은 말한다 his optimism isn't emotional but quantitative: 그의 낙관주의가 감정적이 아니고 수치로 계산된 것이라고 he focuses not on media headlines 즉, 그는 언론의 헤드라인을 믿지 않고 about America's inevitable decline or cheerleading 미국의 피할 수 없는 경기 후퇴 혹은 찬사에 관한 about innovation and education 기술혁신, 교육에 대한 but on the underlying data. 확실한 데이터를 믿는다

Basic demographics favor the U.S. 활동 연령층이 미국에 더 유리하다 over nearly every other rich country in the world. 세계의 모든 다른 부유한 나라보다도

And with corporate America so lean 그리고 미국의 기업들이 비대하지 않고 and inventories so low, 재고량이 몹시 낮으므로 the growth engine, in his view, has to kick in soon. 그의 견해는 성장 엔진이 다시 또 빨리 작동해야만 한다는 것이다

4장 미국을 사들이다

미국에 대한 전망은 낙관적이다

오마하 즉, 실업률이 불과 4%고 자영업이 많고 일반적인 모든 경제는 많은 해안 지대나 광산지대에 있어서와 같이 그렇게 분할 된 적이 없는 오마하로부터 보면 미국에 대한 생각이 다시 성장으로 돌아설 것이라고 쉽게 생각할 수 있다. 그러나 버핏은 그의 낙관주의가 감정적이 아니고 양으로 계산된 것이라고 말한다. 즉, 그는 미국의 피할 수 없는 경기 후퇴, 기술혁신, 교육에 대한 찬사에 관한 언론의 헤드라인을 믿지 않고 확실한 데이터를 믿는다. 활동 연령층이 세계의 모든 다른 부유한 나라보다도 미국에 더 유리하다. 그리고 미국의 기업들이 비대하지 않고 재고량이 몹시 낮으므로 그의 견해는 성장 엔진이 또 다시 빨리 작동해야만 한다는 것이다.

---

bullish 상승세의, 희망적인, 완고한, 황소 같은, 낙관적인
bullish view 낙관적인 견해
bifurcated 두 갈래로 나누어진, 갈라지다
coastal 해안의, 연안의
Rust Belt 사양화한, 지역의, 사양화 된 공업지대 (미국 북동부)
quantitative 양의, 양에 관한, 양으로 계산된, 분량, 음량의

inevitable 불가피한, 피할 수 없는, 필연적인
underlying 기초를 이루는, 근원적인
decline 감소하다, 하락하다, 줄다, 덜어지다, 거절하다
kick in 작동하다, 움직이다
cheerleading 용기를 돋우는, 맹목적 지지, 치어리더의 기술
innovation 혁신, 획기적인, 변경한 것

4장
미국을
사들이다

The view on America is bullish

It's easier to have a bullish view on America from Omaha, where unemployment is only 4%, family-owned businesses abound, and the economy in general was never as bifurcated as in many coastal or Rust Belt areas. But Buffett insists his optimism isn't emotional but quantitative: he focuses not on media headlines about America's inevitable decline or cheerleading about innovation and education but on the underlying data. Basic demographics favor the U.S. over nearly every other rich country in the world. And with corporate America so lean and inventories so low, the growth engine, in his view, has to kick in soon.

- It's easier to have a bullish view on America from Omaha.
  Omaha는 'buffett'을 가리킨다.
  '버핏'의 이야기를 들으면 미국에 대해 '낙관적 생각'을 하기가 쉽다.
- Buffett insists his optimism isn't emotional but quantitative.
  '버핏'은 그의 낙관주의는 감정적이 아니고 수치로 계산된 것이라고 주장한다.
- He focuses not on media headlines about ~ and education but on the underlying data.
  그는 미국의 피할 수 없는 후퇴 또는 혁신 교육에 관한 희망적 (cheerleading) 이라는 언론의 헤드라인 기사를 믿지 않고 기본적인 (underlaying) 것에 의존한다.

41. 우량주식에는 투자하지 말라
Do not make investment in blue chip

The numbers over the past few months 지난 수개월 동안에 걸친 경제 수치는 have been good: 좋았다 jobless claims are ticking down, 즉, 실업이라는 숫자는 줄고 and consumer confidence is up. 소비 심리는 올랐다

That's great news for Berkshire, 그것은 버크셔에 대단히 좋은 뉴스다 since Buffett's portfolio 왜냐하면 버핏의 투자는 is made up almost exclusively of large U.S. companies 미국의 대기업은 거의 다 배제하고 이루어지기 때문에 and American blue-chip multinationals. 그리고 우량 다국적기업도

Even in the midst of the financial crisis and recession that followed, 심지어는 금융 위기와 이어지는 불황의 가운데서도 he remained a U.S. bull. 버핏은 미국에 대해서 낙관적인 자세를 유지했다

spent $15.6 billion 버크셔 회사는 Berkshire 156억 달러를 썼다 in the 25 days 25일만에 after Lehman Brothers' September 2008 collapse, 르만 브라더스의 2008년 9월 도산한지 buying up many assets on the cheap. 싼 회사의 많은 자산들을 사는데

**4장
미국을
사들이다**

우량주식에는 투자하지 말라

지난 수개월 동안에 걸친 숫자는 좋았다. 즉, 실업이라는 숫자는 줄고 소비자 자신감은 올랐다. 버핏의 투자는 거의 다 미국의 대기업 그리고 우량 다국적기업은 거의 배제하고 이루어지기 때문에 그것은 버크셔에게 대단히 좋은 뉴스다. 심지어는 금융 위기에 이어지는 불황의 가운데서도 버핏은 미국에 대해서 낙관적인 자세를 유지했다. 버크셔 회사는 르만 브라더스의 2008년 9월 도산한지 25일만에 156억 달러를 들여서 싼 회사의 많은 자산들을 사들였다.

jobless 일이 없는, 실직 중인
claim 주장하다, 말하다, 요구하다
tick 움직이다, 똑딱 소리
consumer confidence 소비자 심리, 소비 의욕
portfolio 손가방, 고객리스트, 투자 기관이 소유하는 유가증권의 일람표
exclusively 독점적으로, ~만을 위한, 전용으로, 전적으로

blue-chip 우량 주식
multinational 다국적 기업
midst 중앙, 한복판
recession 불황, 침체, 불경기, 후퇴
bull 황소, 강세
collapse 붕괴하다, 무너지다, 망하다, 실패
buy up ~을 매점하다, 매수하다

Do not make investment in blue chip

The numbers over the past few months have been good: jobless claims are ticking down, and consumer confidence is up. That's great news for Berkshire, since Buffett's portfolio is made up almost exclusively of large U.S. companies and American blue-chip multinationals. Even in the midst of the financial crisis and recession that followed, he remained a U.S. bull. Berkshire spent $15.6 billion in the 25 days after Lehman Brothers' September 2008 collapse, buying up many assets on the cheap.

- **The numbers over the past few months have been good:**
  'the numbers'은 경제수치를 말한다. 'have been good'은 지난 몇 개월부터 지금까지 좋다 라는 의미이다.
- **Buffett's portfolio is made up almost exclusively of large U.S. companies and American blue-chip multinationals.**
  portfolio는 주식투자 종목을 말한다.
  Buffett's portfolio is made up 버핏의 투자는 이루어진다.
  <u>exclusively of</u> ~을 배제하고
  버핏의 투자는 미국의 대기업 그리고 우량 다국적기업을 제외(배제)하고 이루어진다.
  buying up many assets on the cheap. 싸게 나와 있는 많은 자산을 사들이고

42 위기를 통해서 인물이 태어난다
Crisis makes a figure

Although Berkshire lost 9.6% of its net worth in 2008, 버크셔는 2008년에 순자산의 9.6%를 잃어 버렸지만 Buffett did better than most everyone else 버핏은 어떤 다른 사람보다는 더 좋은 성적 and came across as a stabilizing influence 내었고 안정된 영향력을 준 것으로 나타났다 uring the financial crisis, 금융위기 동안에도 speaking out 그리고 그는 자신의 견해를 밝혔다 on behalf of the government's management efforts. 정부의 금융 위기 관리 노력을 대신해서 (He wrote a "Dear Uncle Sam" thank-you letter 그는 "디어 엉클 쌤"이라는 감사 편지를 썼다 for the bailouts 오바마 행정부에게 to the Obama Administration 긴급 금융구제자금에 대해서 in the New York Times. 뉴욕타임스에서)

You can see what happens "당신은 그 동안의 상황을 볼 수가 있다 when you have a Plan B, 플랜B라는 계획을 세웠을 때 as you have had in Europe, 당신이 유럽에 있었을 때 where people have dithered 그곳 사람들이 갸우뚱거렸고 and been unable to come together." 그리고 서로 단결하지 못하는 곳이었다 he notes. 그는 언급하고 있다

"I think, 나는 생각한다 Paulson, Bernanke, Geithner, Sheila Bair, 폴슨(오바마재무부장관), 버냉키(연준위장), 가이트너, 샐라베어 President Bush and Obama 부시와 오바마 대통령—they all behaved magnificently." 그들 모두가 멋있게 행동했다고

4장
미국을 사들이다

위기를 통해서 인물이 태어난다

버크셔는 2008년에 순자산의 9.6%를 잃어 버렸지만 버핏은 어떤 다른 사람보다는 더 좋은 성적을 내었고 금융위기 동안에도 안정된 영향력을 준 것으로 나타났다. 그리고 그는 정부의 금융 위기 관리 노력을 대신해서 자신의 견해를 밝혔다. (그는 뉴욕타임스에 "디어 엉클 쌤"이라는 제목으로 오바마 행정부에게 긴급 금융 구제자금을 내어준 일에 대해서 감사 편지를 썼다.) 당신은 사람들이 기우뚱거렸고 서로 단결하지 못하는 유럽에서 플랜B라는 계획을 세웠을 때 그 동안의 상황을 볼 수가 있다고 언급하고 있다. "나는 폴슨(오바마재무부장관), 버냉키(연준위장), 가이트너, 샐라베어, 부시 대통령, 오바마 이 모두가 멋있게 행동했다고 생각한다.

stabilize 안정시키다, 고정시키다
speak out 터놓고 말하다, 솔직히 말하다, 큰소리로 말하다
on behalf of 대신하여, 위해, ~을 대표하여
bailout 벗어나다, 낙하산으로 탈출하다, 구제하다

dithered 당황한, 몸을 떠는
behave 행동하는, ~한 태도의
magnificent 웅장한, 훌륭한

Crisis makes a figure

Although Berkshire lost 9.6% of its net worth in 2008, Buffett did better than most everyone else and came across as a stabilizing influence during the financial crisis, speaking out on behalf of the government's management efforts. (He wrote a "Dear Uncle Sam" thank-you letter for the bailouts to the Obama Administration in the New York Times.) "You can see what happens when you have a Plan B, as you have had in Europe, where people have dithered and been unable to come together." he notes. "I think Paulson, Bernanke, Geithner, Sheila Bair, President Bush and Obama--they all behaved magnificently."

- Although Berkshire lost 9.6% of its net worth in 2008,
  its net worth는 '버크셔'의 순자산,
  버크셔는 2008년에 그의 순자산의 9.6%를 잃어버렸지만

43 최선의 선택은 실망시키지 않는다
The best choice never fails

In 2009, 2009년에 when investors were pulling money out of the U.S. 투자가들은 미국에서 돈을 빼내어 and pouring it into emerging markets, 신흥 시장에 이 돈을 부어 넣고 있었던 그 때 Buffett bought BNSF (Burlington Northern Santa Fe), 버핏은 BNSF(벌링턴 노던 산타페)를 사들였다 the country's second largest railroad, 즉 이 나라의 두 번째로 가장 큰 철도회사를 for $33 billion. 330억달러에

It was 이것은 "the most important purchase Berkshire ever made." "버크셔가 지금까지 사들인 것 중에서 가장 중요한 구매였다 says Buffett. 라고 버핏은 말한다

It was a bet on higher energy prices 이것은 이전 보다 더 비싸진 에너지 가격에 대한 확신이었다 (which would favor coal-hauling railways over trucking firms 더 비싸진 에너지 가격은 운수 트럭회사 보다 석탄을 실어 나르는 철도산업에 더 유리한 점을 줄 것이다.) as well as on a general pickup 또한 일반적인 운수사업에 대해서도 마찬가지다 in consumer demand. 소비자들의 수요가 늘고 있는

"Over time, the movement of goods 시간이 가면 상품 이동이 in the United States will increase, 미국 내에서 더 늘어날 것이다 and BNSF 그러면 이 BNSF회사는 should get its full share of the gain." 그 수익의 대부분의 양을 틀림없이 다 차지할 것이다

4장
미국을
사들이다

최선의 선택은 실망시키지 않는다

투자가들이 미국에서 돈을 빼내어 신흥 시장에 이 돈을 부어 넣고 있었던 2009년에 버핏은 BNSF 즉 이 나라의 두 번째로 가장 큰 철도회사를 3백3십억불을 주고 사들였다. 이것은 버크셔가 지금까지 사들인 것 중에서 가장 중요한 구매였다. 이것은 이전 보다 더 비싸진 에너지 가격에 대한 확신이었다. (더 비싸진 에너지 가격은 운수 트럭회사 보다 석탄을 실어 나르는 철도산업에 더 유리한 점을 줄 것이다.) 또한 일반적인 소비자들의 수요가 늘고 있는 운수사업에 대한 확실한 투자였다. "시간이 가면 미국의 상품 이동이 더 늘어날 것이다. 그러면 이 BNSF회사는 그 수익의 대부분의 양을 틀림없이 다 차지할 것이다."라고.

---

investor 투자가
pull out (돈을, ~을) 꺼내다, 철수하다
pouring 들이붓다
railroad 철도

purchase 구입, 구매하다, 인수하다
favor 찬성하다, 선호하다, 호의
coal-hauling 석탄 운반
haul 운반하다, 끌다, 체포하다, 데리고 가다

The best choice never fails

In 2009, when investors were pulling money out of the U.S. and pouring it into emerging markets, Buffett bought BNSF (Burlington Northern Santa Fe), the country's second largest railroad, for $33 billion. It was "the most important purchase Berkshire ever made," says Buffett. It was a bet on higher energy prices (which would favor coal-hauling railways over trucking firms) as well as on a general pickup in consumer demand. "Over time, the movement of goods in the United States will increase, and BNSF should get its full share of the gain."

- In 2009, when investors were pulling money out of the U.S. and pouring it into emerging market,
  pull sth out of ~로부터 무엇을 빼내다
  pouring it into emerging market 그것을 새로운 시장에 부어 넣다
  투자가들이 미국으로부터 돈을(투자) 빼내어서 그것을 새로운 시장에 부어 넣었던 2009년에

44 투자 시에는 최악의 이윤을 기대한다
At the time of investment, he expects the worst gains

Buffett wrote in the 2010 버핏은 2010년에 썼다 Berkshire Hathaway annual report. 버크셔 해서웨이 연차 수익 보고서에서

"Buffett has bought himself 버핏은 자기가 직접 사들였다 an immensely stable business 대단히 안정된 하나의 기업체를 throwing off predictable returns for 예측 가능한 수익을 안겨다 주는 about half of what it's worth." 투자 액수의 1/2정도의 대한 says Whitney Tilson, 라고 위트니 틸슨이 말한다 a fund manager and co-founder of the Value Investing Congress, 그는 가치투자 회사의 펀드 매니저이자 공동 설립자인 who follows Buffett and Berkshire Hathaway closely. 그는 버핏과 버크셔 해서웨이의 측근인 사람이다

"Railroads are never going to be usurped by China. 철도사업은 중국이 장악할 수는 없을 것이다 In fact, Burlington 사실 벌링턴은 will only benefit from more trade." 더 많은 사업에서 흑자를 내는 유일한 업체가 될 것이다

4장
미국을 사들이다

투자 시에는 최악의 이윤을 기대한다

버핏은 2010년 버크셔 해서웨이 연차 수익보고서에서 썼다. "버핏은 투자 액수의 1/2정도의 대한 예측 가능한 수익을 안겨다 주는 대단히 안정된 하나의 기업체를 자기가 직접 사들였다."라고 버핏과 버크셔 해서웨이의 측근인 가치투자 회사의 펀드 매니저이자 공동 설립자인 위트니 틸슨이 이야기 하고 있다. "철도사업은 중국이 장악할 수는 없을 것이다. 사실 벌링턴은 더 많은 사업으로부터 흑자를 내는 유일한 업체가 될 것이다."

annual report 연보, 연례 보고서, 연차 보고서
immensely 광대하게, 몹시, 매우
throw off 개시, 고치다, 시작하다, 내뿜는, 발산하다

fund manager 투자 담당자
co-founder 공동 설립자
usurp 빼앗다, 침해하다, 탈권하다, 횡령하다

4장
미국을 사들이다

At the time of investment, he expects the worst gains

Buffett wrote in the 2010 Berkshire Hathaway annual report. "Buffett has bought himself an immensely stable business throwing off predictable returns for about half of what it's worth." says Whitney Tilson, a fund manager and co-founder of the Value Investing Congress, who follows Buffett and Berkshire Hathaway closely. "Railroads are never going to be usurped by China. In fact, Burlington will only benefit from more trade."

■ 해설

"Buffett has bought himself an immensely stable business throwing off predictable returns for about half of what it's worth."
'throwing off predictable returns'는 stable business를 수식한다.

45 투자는 합리적인 공익 사업체가 좋다
Sound utilities companies throw off a reliable dividend

That underscores two crucial facts 그것은 두 개의 주요한 사실을 말해주고 있다 about much of Buffett's portfolio. 버핏의 투자 주식의 대부분에 관해서

First, it's built to be idiotproof 첫째로 버핏의 투자는 쉽게 이해 할 수가 있게끔 되어있다—many of the businesses 사업체 대부분은 are very conservative plays, 대단히 보수적인 업체들이다 such as utilities or top-shelf blue chips 공공 사업체 또는 최고의 우량업체와 같은 that throw off reliable, inflation-beating dividends. 믿을 수 있고 인플레 억제 배당금인

As owner of one of the largest reinsurance businesses in the world, 세계에서 가장 큰 재보험 사업체 중의 하나를 소유하고 있는 Buffett has studied his actuarial tables; 버핏은 그의 회계적인 수치를 연구했오 while he thinks it's a fair bet 그는 확실한 투자라고 생각하면서 that he'll be running the company in five years, 자기는 5년 내에 그 회사를 운영하게 될 것이라는 것 he's preparing for the day when he's not. 그는 회사를 운영 못할 수도 있는 날을 대비하고 있다

4장
미국을
사들이다

투자는 합리적인 공익 사업체가 좋다

그것은 버핏의 투자 주식의 대부분에 관해서 두 개의 주요한 사실을 말해주고 있다. 첫째로 버핏의 투자는 쉽게 이해 할 수가 있게끔 되어있다. 사업체 대부분은 공공 사업체 또 믿을 수 있고 인플레 억제 배당금과 같은 최고의 우량업체와 같은 대단히 보수적인 업체들이다. 세계에서 가장 큰 재보험 사업체 중의 하나를 소유하고 있는 버핏은 그의 회계적인 수치를 연구했고 한편 그는 자기는 5년 내에 그 회사를 운영하게 될 것이라는 것은 확실한 투자라고 생각하고 있지만 한편 그는 그 회사를 운영 못할 수도 있는 날을 대비하고 있다.

underscore 강조하다, 밑줄, 선을 긋다
conservative 보수적인, 수수한
utility 공공사업, 전기, 가스, 공공요금, 유용성
reliable 신뢰할 많나, 믿을 많나, 신빙성 있는

dividend 배당금, 주식 배당
reinsurance 재보험
actuarial 보험 통계의

Sound utilities companies throw off a reliable dividend

That underscores two crucial facts about much of Buffett's portfolio. First, it's built to be idiotproof—many of the businesses are very conservative plays, such as utilities or top-shelf blue chips that throw off reliable, inflation-beating dividends. As owner of one of the largest reinsurance businesses in the world, Buffett has studied his actuarial tables; while he thinks it's a fair bet that he'll be running the company in five years, he's preparing for the day when he's not.

■ That underscores two crucial facts about much of Buffett's portfolio.
그것은 버핏의 투자주식의 대부분에 관해 중요한 두 개의 사실을 말해 주고 있다.
First, it is built to be idiotproof
idiotproof ~(기기 등이) 쉽게 이해 할 수 있는 또는 다룰 수 있는
첫째로, 그 주식투자 종목은 잘 이해 할 수 있는 종목들이다.

46 신뢰는 가장 좋은 자산이다
Credit is the best assets

His successor 그의 후계자는 will almost certainly 거의 확실할 것이다 be a trusted individual 믿을 수 있는 사람이 될 것 from within the company. 이 회사 내부 사람 중에서

하지만 Still, 버크셔의 평판 자본금의 대부분은 much of the goodwill capital of Berkshire lives in Buffett himself. 버핏 자신이다

Many of the best deals the company has done in recent years 그 회사 최고의 거래 중에 최근 몇 년 동안에 이루어진 많은 것이 have come to him, 그에게 찾아온 것이다 rather than being sought out, 버핏에 의해서 찾아진 것이 아니라 because he confers such luster 왜냐하면 그가 다 빛을 부여하기 때문이다 on any company he touches. 그가 손대는 모든 회사에

4장
미국을 사들이다

신뢰는 가장 좋은 자산이다

그의 후계자는 이 회사 내부의 있는 사람 중에서 확실히 믿을 수 있는 사람일 것이다. 하지만 버크셔의 평판 자본금의 대부분은 버핏 자신이다. 그 회사가 최근 몇 년 동안에 이루어진 최고의 거래 중에 많은 거래는 버핏에 의해서 찾아진 것이 아니라 거래가 버핏에게 찾아왔다는 것이다. 왜냐하면 그가 손대는 모든 회사에 다 빛을 부여하기 때문이다.

successor 후계자, 후임자, 후손, 후속
goodwill 친선, 선의, 호의, 신용
seek out ~을 찾아내다, ~을 주의 깊게 찾다

confer 수여하다, 주다, 협의하다, 상담하다, 참조하다
luster 광채, 영광, ~에 영광을 주다

Credit is the best assets

His successor will almost certainly be a trusted individual from within the company. Still, much of the goodwill capital of Berkshire lives in Buffett himself. Many of the best deals the company has done in recent years have come to him, rather than being sought out, because he confers such luster on any company he touches.

■ Still, much of the goodwill capital of Berkshire lives in Buffett himself.
'goodwill' 은 호의, 친절 의미 이외에 '평판' 이란 의미도 있다.
lives in Buffett himself 버핏 자신이다' 란 의미이다.

47 구제자금으로 금융가가 다시 살아났다
The bail-out fund has revitalized the U.S. financial institutions

Often he negotiates 자주 그는 협상한다 extremely preferential terms. 가장 최 우선 조건을

For Buffett, 버핏에게 것은 buying a beleaguered institution like Bank of America 미국은행과 같은 상당히 어려움에 처해있는 기업을 사들인다는 is actually a relatively low-risk bet on the fact 이런 사실에서 실제적으로 비교적 위험 부담이 적은 투자다 that U.S. financial institutions 미국의 금융기관이 are emerging from the crisis stronger 더욱 강하게 위기로부터 벗어나고 있다는 than their international peers, 그들의 국제적인 다른 금융기관보다 thanks to those generous government bailouts. 넉넉한 미국의 구제자금 덕택으로

It may take a while, even a decade, 이것은 당분간 또는 십여 년은 걸릴지도 모른다 for banking to fully recover, 하지만 금융기관이 완전히 회복되기에는 but Buffett can afford to wait. 버핏은 기다릴 수 있는 여유가 있다

4장
미국을
사들이다

구제자금으로 금융가가 다시 살아났다

흔히 그는 가장 최 우선 조건을 협상한다. 버핏한테는 미국은행과 같은 상당히 어려움에 처해있는 기업을 사들인다는 것은 실제적으로 미국의 금융기관이 넉넉한 미국의 구제자금 덕분으로 그들의 국제적인 다른 금융기관보다 더욱 강하게 위기로부터 벗어나고 있다는 사실에서 비교적 위험 부담이 적은 투자다. 이것은 금융기관이 완전히 회복되기에는 당분간 또는 십여 년은 걸릴지도 모른다. 하지만 버핏은 기다릴 수 있는 여유가 있다.

negotiate 협상하다, 극복하다, 뛰어넘다, 빠져나가다, 유통시키다
extremely 매우, 극도로, 굉장히, 지나치게
preferential 우선의, 선취의, 우선권을 주는, 차별적인
beleaguered 포위된, 둘러싸인, 괴로운 입장의

institution 기관
peer 동료, 응시하다, 귀족
generous 관대한, 후한, 너그러운
afford 여유가 있다, 할 수 있다

The bail-out fund has revitalized the U.S. financial institutions

Often he negotiates extremely preferential terms. For Buffett, buying a beleaguered institution like Bank of America is actually a relatively low-risk bet on the fact that U.S. financial institutions are emerging from the crisis stronger than their international peers, thanks to those generous government bailouts. It may take a while, even a decade, for banking to fully recover, but Buffett can afford to wait.

- For Buffett, buying a beleaguered institution like Bank of America is actually a relatively low-risk bet on the fact that U.S. financial institutions are emerging stronger than their international peers,
  'buying (동명사로서 주어역할) a beleaguered institution like Bank of America' 주어이고, 'is actually a relatively low-risk bet' 은 동사+보어이다.

- 'on the fact ~ than their international peers'는 부사구이다. 미국의 금융기관들은 그들의 국제적 금융 업종들 (international financial institutions을 말한다) 보다 더욱 강력하게(stronger) 위기에서 벗어나고 있다는 사실로.

48 현금만이 믿을 수 있는 자산이다
Cash is the best assets

That reflects the second key point: 이것은 두 번째로 주요한 점을 비춰준다 many of Buffett's investments aren't bets on America 즉, 버핏 투자의 많은 부분은 미국에 투자하는 것이 아니라 so much as they are bets on the ability of American companies 오히려 그들 대부분이 미국 능력에 대한 투자다 to continue exporting capitalism around the world. 전세계적으로 자본주의를 계속 수출할 수 있는

Companies like American Express, Coca-Cola, Kraft and Procter & Gamble 아메리칸 익스프레스, 코카콜라, 크레프트, 같은 그리고 프록터&갬블과 회사들은 are giant global franchises 대기업 프렌차이즈 들이다 that get an increasing amount of their growth 그들의 성장 대부분을 확대시키고 있는 from emerging markets 서서히 새로 시작되는 시장에서 while still paying out a reliable dividend. 한편 믿을 수 있는 배당금을 아직도 지불하고 있는 프렌차이즈 들이다

They are in many ways safer 그들은 여러 면에서 더 안전하고 than U.S. Treasury bills, 미국 재무부 국채보다 which Buffett continues to hold 버핏이 계속해서 자신의 손안에 계속 붙들고 있는 투자다 as part of his cash-on-hand mantra, 현금을 들고 있겠다는 주문의 일부로서 but begrudgingly. 그러나 유감스럽게도 어떻게 할 수 없어서 그렇게 하는 것이다

He would always, as he recently noted, 그는 언제나 최 근래 그가 언급한 것과 같이 rather buy "productive assets." 앞으로도 "생산성 자산"을 사들이고자 할 것이다

4장 미국을 사들이다

현금만이 믿을 수 있는 자산이다

이것은 두 번째로 주요한 점을 비춰준다. 버핏 투자의 많은 부분은 미국에 투자하는 것이 아니라 오히려 전세계적으로 자본주의를 계속 수출할 수 있는 미국 능력에 대한 투자다. 아메리칸 익스프레스, 코카콜라, 크레프트, 프록터&갬블과 같은 회사들은 서서히 새로 시작되는 시장으로부터 그들의 성장 대부분을 확대시키고 있는 대기업 프렌차이즈 들이다. 한편 믿을 수 있는 배당금을 아직도 지불하고 있는 프렌차이즈 들이다. 그들은 여러 면에서 미국 재무부 국채보다 더 안전하고 버핏이 계속해서 자기의 손안에 현금을 들고 있겠다는 주문의 일부로서 계속 들고 있는 투자다. 그러나 유감스러울 정도로 어떻게 할 수 없어서 그렇게 하는 것이다. 그는 언제나 최 근래 그가 언급한 것과 같이 앞으로도 생산성 자산을 사들이고자 할 것이다.

---

reflect 반영하다, 나타내다
export 수출
capitalism 자본주의
franchise 선거권, 독점 판매권, 특권, 참정권, 시민권
treasury bill T.B. 재무부 증권, 재무부 단기 증권

mantra 주문, 기도
begrudgingly 마지못해, 하는 수 없이, 아까운 듯이
productive 생산적인, 비옥한
asset 자산

4장
미국을
사들이다

Cash is the best assets

That reflects the second key point: many of Buffett's investments aren't bets on America so much as they are bets on the ability of American companies to continue exporting capitalism around the world. Companies like American Express, Coca-Cola, Kraft and Procter & Gamble are giant global franchises that get an increasing amount of their growth from emerging markets while still paying out a reliable dividend. They are in many ways safer than U.S. Treasury bills, which Buffett continues to hold as part of his cash-on-hand mantra, but begrudgingly. He would always, as he recently noted, rather buy "productive assets."

해설

- That reflects the second key point:
  reflect ~ 반영하다, 설명하다
  그것은 두 번째 주요 요점을 비춰주고 있다.
- many of Buffett's investment aren't bets on America so much as they are ~ around the world.
  bets on America 미국에 돈을 걸다 (미국에 투자)
- are not bets on America so much as they are bet on the ability of American companies. 미국에 대한 투자가 아니고 전 세계적으로 자존주의를 계속 수출할 수 있는 미국회사들의 능력에 투자하는 것이다.
  not ~ so much as ~이 아니고 ~이다

49 유능한 투자가는 기술주식을 기피한다
An able investor is not interested in the tech stocks

IBM, the global tech giant 글로벌 기술기업 IBM은 that Buffett bought into last year, 버핏이 작년에 사들인 is part of that strategy. 그와 같은 전략의 일부분이다

The buy confused some industry observers, 이 업체 인수는 일부 산업체 관측자들을 당혹하게 했는데 since Buffett has always shied away from tech stocks. 이는 버핏이 기술주식을 기피해왔기 때문이다

But IBM is no longer primarily a tech company; 그러나 IBM은 더 이상 기술회사는 아니고 it's a service company 이 회사는 서비스 회사다—one that makes a lot of its money 벌어들인 돈의 대부분을 doing the safe and steady work of helping governments and large businesses around the world 정부와 전세계에 있는 대형 기업들이 전산화되고 안전하고 꾸준히 돕는 automate themselves. 그런 회사다

4장
미국을 사들이다

유능한 투자가는 기술주식을 기피한다

버핏이 작년에 사들인 글로벌 기술기업 IBM은 그와 같은 전략의 일부분이다. 이 업체 인수는 일부 산업체 관측자들을 당혹하게 했고 이는 버핏이 기술주식을 기피해왔기 때문이다. 그러나 IBM은 더 이상 기술회사는 아니다. 이 회사는 서비스회사고 이 돈의 대부분을 안전하고 꾸준히 정부를 돕는 일에, 전세계에 있는 대형 기업을 전산화시키는 그런 회사다.

tech 과학 기술, 공과대학
confused 당황한, 식별할 수 없는, 어리둥절한
shy 피하다, 꺼리는, 내성적인, 모자라는

tech stock 기술 주식
automate 자동화하다

An able investor is not interested in the tech stocks

IBM, the global tech giant that Buffett bought into last year, is part of that strategy. The buy confused some industry observers, since Buffett has always shied away from tech stocks. But IBM is no longer primarily a tech company; it's a service company—one that makes a lot of its money doing the safe and steady work of helping governments and large businesses around the world automate themselves.

- **The buy** 회사를 사들인 것, 즉 IBM과 같은 회사를 사들이는 것을 말한다.
  The buy confused some industry observers. IBM 인수는 일부 산업계의 관측자들을 어리둥절하게 했다.
- **Since Buffett has always shied away from tech stocks.**
  <u>shy away from</u> ~을 피하다
  버핏은 언제나 기술주식은 피해왔기 때문에

50 기술주식에 지나친 기대는 금물이다
Do not rely on the tech stocks

In a speech 한 연설에서 delivered at the famous Allen & Co. Sun Valley Conference in 1999, 1999년 저 유명한 알렌&썬 밸리 컨퍼런스에서 행한 at the height of the Internet bubble, 인터넷 사업 거품이 최고조에 달했던 때 Buffett succinctly explained the virtues of being a Luddite: 버핏은 간단하게 러다이트가 되는 장점을 설명했다

"[The automobile was] the most important invention, 즉, [자동차는] 가장 중요한 발명이었다 probably, of the first half of the 20th century. 어쩌면, 20세기 상반기 중에 It had an enormous impact on people's lives. 이것은 많은 사람들의 생명에 엄청난 영향을 주었다 If you had seen at the time of the first cars 만약 당신이 처음 자동차가 나왔을 그 당시에 알았다면 how this country would develop in connection with autos, 이 자동차와 관련해서 이 나라가 어떻게 발전해 왔는가를 you would have said, 당신은 이렇게 이야기했을 것이다 'This is the place I must be.' '이곳이 내가 있어야 할 장소다'라고 But of the 2,000 companies, as of a few years ago, 그러나 불과 수년 전 부로 당시에 2천개에 달하던 자동차 회사 중에서 only three car companies survived. 단지 세 개 회사만이 살아남았다 So autos had an enormous impact on America 그래서 자동차는 미국의 엄청난 영향력을 주었지만 but the opposite direction on investors." 투자가에게는 정반대 방향의 영향을 주었다

4장
미국을 사들이다

기술주식에 지나친 기대는 금물이다

인터넷 사업 거품이 최고조에 달했던 1999년 저 유명한 알렌&썬 밸리 컨퍼런스에서 행한 한 연설에서 버핏은 간단하게 러다이트가 되는 장점을 설명했다. "자동차는 20세기 상반기 중에 가장 중요한 발명이었다. "이것은 많은 사람들의 생명에 엄청난 영향을 주었다. 만약 당신이 이 자동차와 관련해서 나라가 어떻게 발전해 왔는가를 처음 자동차가 나왔을 그 당시에 알았다면 당신은 이렇게 이야기했을 것이다. '이곳이 내가 있어야 할 장소다.' 그러나 불과 수년 전부로 당시에 2천개에 달하던 자동차 회사 중에서 단지 세 개 회사만이 살아남았다. 그래서 자동차는 미국의 엄청난 영향력을 주었지만 투자가에게는 정반대 방향의 영향을 주었다.

deliver 전달하다, 배달하다, 전하다, 구해내다
conference 회의, 회담, 협회
succinctly 간단명료하게, 간결하게
virtue 미덕, 덕행, 장점
invention 발명품, 창작
enormous 거대한, 막대한, 엄청난
impact 충격
in connection with ~에 관련하여, 관하여

4장
미국을 사들이다

Do not rely on the tech stocks

In a speech delivered at the famous Allen & Co. Sun Valley Conference in 1999, at the height of the Internet bubble, Buffett succinctly explained the virtues of being a Luddite: "[The automobile was] the most important invention, probably, of the first half of the 20th century. It had an enormous impact on people's lives. If you had seen at the time of the first cars how this country would develop in connection with autos, you would have said, 'This is the place I must be.' But of the 2,000 companies, as of a few years ago, only three car companies survived. So autos had an enormous impact on America but the opposite direction on investors."

 해설

- **Buffett succinctly explained the virtue of being a Luddite:**
  Luddite 러다이트 (기계화 산업화에 반대하는 사람들)
  버핏은 러다이트가 되는데 대한 장점도 간략하게 설명했다.
- **So autos had an enormous impact on America but the opposite direction on investors.**
  have impact on ~에 영향을 주다
- **have impact of the opposite direction on investors**
  투자가들에겐 반대방향의 영향을 주다. 자동차는 미국에 엄청난 영향을 주었지만 투자가들에겐 반대 방향의 영향을 주었다.

5장
과감한 투자

SHARED
SACRIFICE

51 손해를 각오한 장기투자는 성공한다
Long-term investment leads to success

Buffett's investments may not be snazzy, 버핏의 투자는 화려하지 않을 지는 모르나 but they've nearly always been smart. 그 투자는 언제나 현명했다

While the value of Berkshire Hathaway 버크셔 해서웨이의 가치는 is still somewhat smaller 다소 적을 수도 있으나 than before the financial crisis, 금융위기 전보다 net earnings are higher, 순수익은 이전보다 더 높고 and many of the company's largest businesses 이 회사의 가장 큰 사업체 대부분은 are on track for a record year. 기록적인 연도라는 궤도 위에 올라있다

Forty-seven years ago, 47년 전에 one share of Berkshire Hathaway was worth $19. 버크셔 해서웨이의 한 주는 19달러 가치였는데 Today a single share is worth $116,914. 오늘날의 한 주는 11만 6천 9백 14달러이다

손해를 각오한 장기투자는 성공한다

버핏의 투자는 화려하지 않을 지는 모르나 그 투자는 언제나 현명한 투자였다. 버크셔 해서웨이의 가치는 금융위기 전보다 다소 적을 수도 있으나 순수익은 이전보다 더 높고 이 회사의 가장 큰 사업체 대부분은 기록적인 해로 궤도 위에 올라있다. 47년 전에 버크셔 해서웨이의 한 주는 19달러 가치였는데 오늘날의 한 주는 11만 6천 9백 14달러이다.

sacrifice 희생, 제물
snazzy 멋진, 세련된, 쾌적한
earning 수익, 얻다, 소득, 벌다
on track 궤도에 오르다, 순조롭게 나아가다, 놓치지 않고 따라가다
one share 한 주식

Long-term investment leads to success

Buffett's investments may not be snazzy, but they've nearly always been smart. While the value of Berkshire Hathaway is still somewhat smaller than before the financial crisis, net earnings are higher, and many of the company's largest businesses are on track for a record year. Forty-seven years ago, one share of Berkshire Hathaway was worth $19. Today a single share is worth $116,914.

- **While the value of Berkshire Hathaway is still somewhat smaller than before the financial crisis,**
  버크셔 해서웨이의 가치는 금융위기 전보다 다소(somewhat) 적기는 하지만,
  While (문장 앞에 놓여 양보의 종속절을 이끌어) ~ 하지만, ~ 할지라도
  투자를 할 때는 장기적 투자라야 성공할 수 있다. 버핏은 버크셔주식을 한 주에 $19.00을 주고 47년전에 사들였다. 지금 그 주는 한 주에 $116,914이다.

52 성공하기 전 위대한 목표부터 생각한다
Make a great goal before your success

I ask Buffett if, 나는 질문을 버핏에게 물었다 when he started, 버핏이 시작했을 때 his aim was to be the richest man in the world. 그의 목표가 세계에서 가장 부자가 되는 것인가 라는

"I knew I wanted to make a lot of money. 나는 내가 많은 돈을 벌기를 원했다는 사실을 알고 있었지만 But that's because I knew I wanted to be independent. 그것은 내가 독립하기를 원했다는 것을 알고 있었기 때문이다 That was very important to me. 독립적이라는 그것은 나에게 대단히 중요한 일이었다 The money itself is all going to charity." 돈 그 자체는 다 자선단체로 들어간다 says Buffett, 버핏은 말한다 who in 2006 pledged 그는 2006년도에 약속했다 99% of his personal wealth to charity, 자신의 자산 99%를 자선으로 돌리겠다고

with the bulk going 그 재산의 큰 부분이 to the Bill & Melinda Gates Foundation. 빌&메린다 게이트 재단으로 들어가고 있다 "I'm really just a steward of it for now." 나는 지금 그 재단에 그저 하나의 관리인에 불과하다.

5장 과감한 투자

성공하기 전 위대한 목표부터 생각한다

나는 버핏이 시작했을 때 그의 목표가 세계에서 가장 부자가 되는 것인가 라는 질문을 버핏에게 물었다. "나는 내가 많은 돈을 벌기를 원했다는 사실을 알고 있었지만 그것은 내가 독립하기를 원했기 때문이라는 것을 알고 있었기 때문이다. 독립적이라는 그것은 나에게 대단히 중요한 일이었다. 돈 그 자체는 다 자선단체로 들어간다." 버핏은 말했다. 버핏은 2006년도에 자신의 자산 99%를 자선으로 돌리겠다고 약속했고 그 재산의 큰 부분이 빌&메린다 게이트 재단으로 들어가고 있다. "나는 지금 그 재단에 그저 하나의 관리인에 불과하다."라고 말했다.

aim 목적
independent 독립한, 무소속의, 독자적인, 자유의

charity 자선, 구호, 적선
bulk 대부분, 대량의, 많은, 거대한
steward 집사, 승객 담당자, 재산 관리인

5장
과감한 투자

Make a great goal before your success

I ask Buffett if, when he started, his aim was to be the richest man in the world. "I knew I wanted to make a lot of money. But that's because I knew I wanted to be independent. That was very important to me. The money itself is all going to charity." says Buffett, who in 2006 pledged 99% of his personal wealth to charity, with the bulk going to the Bill & Melinda Gates Foundation. "I'm really just a steward of it for now."

해설

- who in 2006 pledged 99% of his personal wealth to charity, with the bulk going to the Bill &Melinda Gates Foundation.
  with (상황을 나타내는 구를 이끌어) ~ 한 채로, ~ 하면서 (명사, 대명사 뒤에 전치사가 달린 구, 분사, 형용사, 분사 등이 따라온다.)
- with the bulk going to the Bill & Melinda Gate Foundation ~
  그 재산의 대부분은 빌&메린다 재단에 들어가면서 버핏은 돈 버는 목적을 자선사업체에 환원 하는데 있었다.

53 버핏의 자선은 위선일까?
His charities are fake?

Supply siders like Arthur Laffer 아더 라펠과 같은 공급회사 측에서는 have tried to paint him as a hypocrite for his giving. 버핏을 그가 돈을 내놓는 것이 위선이라고 매도 해왔다

A recent Laffer opinion piece in the Wall Street Journal 월스트리트 저널지에 기고 된 최근 라펠 의견 기사는 bashed Buffett for, among other things, 이 점에 대해서 버핏을 맹타했다 shielded income 위장 수입이라고 like unrealized capital gains (taxed at 0%) 특히 장부상 자본이익 (무세)와 같은 and charitable contributions (which are tax-deductible). 그리고 자선 단체 헌금 (세금 감면)과 같은

"Well, I had a net unrealized loss last year." 사실, 나는 작년에 장부상 손실을 입었다. notes Buffett. 버핏은 말했다 "But if Arthur has a plan for 그러나 알더씨가 계획이 있다면 how he wants to tax unrealized gains, 그가 어떤 방법으로 장부상 이익금에 대해서 세금을 부과할 I'd love to hear it. 나는 그것을 듣고 싶다 It's an interesting thing for a Republican to put forward!" 공화당 사람이 내놓는 아주 재미있는 일이 될 것이다

> 5장
> 과감한 투자

버핏의 자선은 위선일까?

알더 라펠과 같은 공급회사 측에서는 버핏을 그가 돈을 내놓는 데에 대해서 위선이다 라고 매도하려고 해왔다. 월스트리트 저널지에 기고된 최근 라펠 의견 기사는 버핏을 특히 장부상 자본이익 (무세)와 같은 위장 수입과 자선 단체 헌금 (세금 감면) 이 점에 대해서 버핏을 맹타했다. "그래, 나는 작년에 장부상 손실을 입었다." 버핏은 말했다. "그러나 알더씨가 그가 어떤 방법으로 장부상 이익금에 대해서 세금을 부과 계획이 있다면 나는 그것을 듣고 싶다. 공화당 사람이 내놓는 아주 재미있는 일이 될 것이다."

---

paint 그리다, 물감 칠하다
hypocrite 위선자, 가장, 착한 체하는 사람
bash 강타하다, 비난하다
shield 보호하다, 방패, 감싸다
unrealized 실현되지 않은, 인식되지 않은, 성취하지 못한

charitable 관대한, 자선을 위한
deductible 공제할 수 있는, 공제가 가능한, 공제 금액
put forward 제안하다, 내다, 제출하다

5장
과감한 투자

His charities are fake?

Supply siders like Arthur Laffer have tried to paint him as a hypocrite for his giving. A recent Laffer opinion piece in the Wall Street Journal bashed Buffett for, among other things, shielded income like unrealized capital gains (taxed at 0%) and charitable contributions (which are tax-deductible). "Well, I had a net unrealized loss last year." notes Buffett. "But if Arthur has a plan for how he wants to tax unrealized gains, I'd love to hear it. It's an interesting thing for a Republican to put forward!"

- paint him as hypocrite for his giving.
  그가 자선단체에 내놓는데 대하여 그를 위선자로 묘사(paint) 한다.
- Recent Laffer opinion piece (라펠 여론 기사) in the Wall Street Journal bashed Buffett for, among other things, shielded income like unrealized capital gains(taxed at 0%) and charitable contributions (which are tax-deductible).
  opinion piece in Wall Street Journal 월 스트리트 여론 기사
  bash 맹렬히 비난하다 (for)
  among other things 특히, shielded income 위장수입, unrealized capital gains 위장 자본수입
  taxed at 0% 무세
  tax-deductible 감세

54. 사업 그리고 자선 그 자체가 인생 처세술이다
Business and philanthropy are the art of living

When Buffett isn't giving, 버핏이 돈을 내놓지 않을 때 he's teaching. 그는 가르침을 준다 Many of the rich and famous seek his counsel 부자고 유명한 많은 사람들이 그의 자문을 구한다 about business and philanthropy. 사업에 대해서 인도주의 자선사업에 대해서

Recent visitors 최근 방문자들은 include Fiat scion John Elkann 피아트 자동차의 자녀들 존 엘칸과 and the Baroness de Rothschild, 바론네스 로스챠일드이고 whom Buffett took to Piccolo's, 버핏은 이들을 데리고 피콜로로 갔다 the modest family-owned Italian steak house 가장 수수한 가족이 운영하는 이태리 스테이크 하우스인 where we sit eating dinner. 이곳에서 우리들은 저녁식사를 하며 같이 앉았다 "She loved it here, 그녀는 이곳을 몹시 좋아했다. "She had a root-beer float for dessert." 그녀는 디저트로 무알콜 음료수를 마셨다." Buffett says. 라고 말했다

5장
과감한
투자

사업 그리고 자선 그 자체가 인생 처세술이다

버핏이 돈을 내놓지 않을 때 그는 가르침을 준다. 부자고 유명한 사람 중에 많은 사람들이 사업에 대해서 인도주의 자선사업에 대해서 그의 자문을 구한다. 최근 버핏을 방문한 사람들 가운데에는 피아트 자동차의 자녀들 존 엘칸과 바론 네스 로스좌일드이고 버핏이 이들을 데리고 이곳에서 가장 수수한 가족이 운영하는 이태리 스테이크 하우스 피콜로로 갔고 이곳에서 우리들은 저녁식사를 하며 같이 앉았다. "그녀는 이곳을 몹시 좋아했다. 그녀는 디저트로 무알콜 음료수를 마셨다."고 말했다.

---

philanthropy 박애, 자선, 인류애
scion 자손, 후예, 접가지, 접순, 어린 가지
modest 겸손한, 수수한, 정숙한

root beer 루트 비어, 나무나 풀의 뿌리 즙을 발효시켜 만드는 청량 음료
dessert 디저트, 후식

Business and philanthropy are the art of living

When Buffett isn't giving, he's teaching. Many of the rich and famous seek his counsel about business and philanthropy. Recent visitors include Fiat scion John Elkann and the Baroness de Rothschild, whom Buffett took to Piccolo's, the modest family-owned Italian steak house where we sit eating dinner. "She loved it here." Buffett says. "She had a root-beer float for dessert."

- **Many of the rich and famous seek his counsel about business and philanthropy**
  부자 유명인 중 많은 사람들이 사업과 자선에 관한 버핏의 자문을 구한다.

55 차입금 투자는 오래 기다릴 수 없다
The leverage investment can't wait

Just as important to Buffett as his philanthropy 버핏의 자선사업이 그에게 중요한 만큼 is his agenda for America. 똑같이 중요한 것은 미국에 대한 의제이다

The independence afforded by great, leverage-free wealth 크고 차용 부채가 전혀 없는 부에 의해서 주어진 독립성은 has allowed him to speak out 버핏에게 솔직한 의견을 내놓도록 했으며 politically in recent months, 최근 몇 개월 동안에 정치적으로 something the conflict-averse financier 이것은 분쟁을 싫어하는 금융인이 has avoided most of his life. 그의 일생 동안 대부분을 피해온 것이다

When asked 이런 질문을 받았을 때 about any of the very few controversial events in his life, 그의 일생 동안 극히 몇 가지의 논란 적인 사건이 있었는가 Buffett tends toward deflection. 버핏은 엉뚱한 방향으로 나아가는 기질을 가지고 있다

5장
과감한 투자

차입금 투자는 오래 기다릴 수 없다

버핏의 자선사업이 그에게 중요한 만큼 또 중요한 것은 미국에 대한 의제이다. 크고 차용 부채가 전혀 없는 부에 의해서 주어진 독립성은 버핏에게 최근 몇 개월 동안에 정치적으로 솔직한 의견을 내놓도록 했으며 이것은 분쟁을 싫어하는 금융인이 그의 일생 동안 대부분을 피해온 것이다. 그의 일생 동안 극히 몇 가지의 논란 적인 사건이 있었는가 이런 질문을 받았을 때 버핏은 엉뚱한 방향으로 나아가는 기질을 가지고 있다.

philanthropy 박애, 자선, 인류애
afford 여유가 있다, 할 수 있다
speak out 솔직하게 이야기 하다
conflict 갈등, 분쟁, 충돌
averse 싫어하는, 반대하는

financier 재정가, 금융업자, 자본가
controversial 논란의, 문제의, 갈등을 빚고 있는
deflection 편향, 비뚤어짐, 굴절

5장
과감한 투자

The leverage investment can't wait

Just as important to Buffett as his philanthropy is his agenda for America. The independence afforded by great, leverage-free wealth has allowed him to speak out politically in recent months, something the conflict-averse financier has avoided most of his life. When asked about any of the very few controversial events in his life, Buffett tends toward deflection.

해설

■ Just as important to Buffett as his philanthropy is his agenda for America.
버핏에게 그의 자선 행위만큼 중요한 것은 미국에 대한 의제이다.
just as ~ as ~ 만큼 ~ 이다
버핏은 유동자산을 특히 좋아한다. 그는 금융기관 차입금부터 갚는다. 그래야 기다릴 수가 있다.
그의 자산도 차입금 은행 부채는 없다. 그는 사회적, 정치적으로 자유롭다.

56 정확한 분석 능력을 갖추어야 성공한다
The ability of an accurate analysis is a key to success

The ignominious fall from grace 영광에서의 엄청난 추락은 of former Berkshire golden boy David Sokol 이전 버크셔의 후계자 데이빗 쇼콜의 (who resigned after revealing that he bought stock in a company 한 회사의 주식을 사들인 사실이 알려진 후 사임을 했다 before proposing it as a takeover target 주식 매입을 인수 목표라고 제안하기 전) is something he "just doesn't understand." 버핏이 정말 이해 할 수 없는 일이다

He gives the ratings agency Moody's 버핏은 신용 평가 무디 회사와 and the investment bank Goldman Sachs, 투자은행 골드만 삭스 both of which he owns stakes in, 즉 이것 중 둘 다 버핏이 지분을 갖고 있는 회사로써 a pass for dubious behavior during the financial crisis, 그는 금융위기 동안 이 회사들의 의심스러운 행동에 대해 불안하게 생각을 하였다 as they were both a part of "a mass delusion. 이 두 회사가 다 큰 환상이었기 때문이었다 Everyone felt houses couldn't go down." 모든 사람은 이 두 회사가 그 당시에 결코 내려앉지는 않을 것이라고 느꼈다

5장
과감한 투자

정확한 분석 능력을 갖추어야 성공한다

이전에 버크셔의 후계자 데이빗 쇼콜의 영광에서의 엄청난 추락 (주식 매입을 인수 목표라고 제안하기 전 한 회사의 주식을 사드린 사실이 알려진 후 사임을 했다.) 은 버핏이 정말 이해 할 수 없는 일이다. 버핏은 신용 평가 무디 회사와 투자은행 골드만 삭스 즉 이것 중 둘 다 버핏이 지분을 갖고 있는 회사로써 그는 금융위기 동안 이 회사들의 의심스러운 행동에 대해 불안하게 생각을 하고 있다. 이 두 회사가 다 큰 환상이었기 때문이었다. 모든 사람은 이 두 회사가 그 당시에 결코 내려앉지는 않을 것이라고 느꼈다.

ignominious 창피한, 불명예스러운, 경멸할 만한
golden boy 인기인, 총아
revealing ~의 일부가 보이는, 노출되는

takeover 인수, 인계
dubious 의심스러운, 반신반의하는, 모호한
delusion 현혹, 망상, 기만

The ability of an accurate analysis is a key to success

The ignominious fall from grace of former Berkshire golden boy David Sokol (who resigned after revealing that he bought stock in a company before proposing it as a takeover target) is something he "just doesn't understand." He gives the ratings agency Moody's and the investment bank Goldman Sachs, both of which he owns stakes in, a pass for dubious behavior during the financial crisis, as they were both a part of "a mass delusion. Everyone felt houses couldn't go down."

해설

- He gives the ratings agency Moody's and the investment bank Goldman Sachs, both of which he own stakes in, a pass for dubious behaviour during the financial crisis,
  give someone pass for dubious behavior 의심스러운 행동에 대해 ~를 불안하게 생각하다
  pass~ 통과, 합격, 불안한 상태
- both of which ~ Moody and the investment bank Goldman Sachs 이 두 회사
  2008년 금융위기 때에 모든 사람은 미국의 신용평가기관 무디와 투자회사 골드만 삭스는 내려앉지 않는다고 생각했을 때 '워런버핏'은 불안하다고 생각했다.

57

최선의 사회제도보다 올바른 질서가 낫다
A good social order is above the best social system

Unlike many liberals, 많은 자유주의자들과는 달리 he's not a great believer in regulation 그는 규정을 잘 된 것이라고 믿지 않는다 as a curb for corporate excess. 기업체 남용을 위한 억제로 He doesn't want to crush Wall Street's animal spirits 그는 월스트리트의 동물 근성을 파괴시키기를 원하지도 않고 or control market volatility 시장의 유동성을 통제 하기를 원하지도 않고 or cap executive pay by force; 힘으로 이사들 월급 상한선을 정하기를 원하지도 않는다 better tax policy would 더 나은 세금 정책을 시행하면 take care of all that, in his view. 이 모든 문제를 해결할 수 있으리라고 생각한다

He's not worried 그는 염려하지는 않는다 that rising inequality is going to result in social unrest, 늘어나는 불균등이 사회적 불안을 가져온다는 데 대해서 at least in Middle America. 즉, 미국 중산층 내에서 "I drove by Occupy Omaha, 나는 아큐파이 오마하 라는 지역 옆으로 차를 몰고 갔다 and there was maybe one guy there." 그곳에는 어쩌면 한 사람 정도 있었을 것이다 he says. 라고 말한다 "I just don't think this is a country 나는 이것이 나라다 라고 생각하지 않는다 that has the tinder for social instability. 사회 불안정을 유발시킬 수 있는 부싯돌을 가지고 있는 나라로
I mean, 나의 의미는 the classic test of that was actually the 2000 election. 이것의 중요한 의미는 바로 2000년도 선거였다 If you think about it, 만약에 당신이 이 점에 대해서 생각한다면 half the people in America felt that they were screwed, 미국 인구의 1/2이 그들은 완전히 실패했다 라고 느꼈고 and the next day, they all went to work." 그 다음날은 전부 직장으로 갔다

5장 과감한 투자

최선의 사회제도보다 올바른 질서가 낫다

많은 자유주의자들과는 달리 그는 기업체 남용을 위한 억제 규정을 잘 된 것이라고 믿지 않는다. 그는 월스트리트의 동물 근성을 파괴시키기를 원하지도 않고 시장의 유동성을 통제 하기를 원하지도 않고 힘으로 이사들 월급 상한선을 정하기를 원하지도 않는다. 또 더 나은 세금 정책을 시행하면 이 모든 문제를 해결할 수 있으리라고 생각한다. 그는 늘어나고 있는 불균등이 사회적인 불안 즉, 미국 중산층 내에서 사회적인 불안을 가져오고 있다는 데 대해서 염려하지는 않는다. "나는 '아큐파이 오마하'라는 지역 옆으로 차를 몰고 갔다. 그곳에는 어쩌면 한 사람 정도 있었을 것이다. 라고 그는 이야기 한다. 나는 이것이 사회 불안정을 유발시킬 수 있는 부싯돌을 가지고 있는 나라다 라고 는 생각하지 않는다. 나의 의미는 이것에 대한 나의 중요한 의미는 바로 2000년도 선거였다. 만약에 당신이 이 점에 대해서 생각한다면 미국 인구의 1/2이 그들은 완전히 실패했다. 그렇게 느꼈고, 그 다음날은 전부 직장으로 갔다.

liberal 진보적인, 자유로운, 개방적인, 관대한
curb 억제, 막다, 감소, 제한하다
excess 초과, 넘는, 여분, 무절제
crush 분쇄, 진압, 부서지다, 괴멸
animal spirits 원기 왕성, 발랄한 생기, 정기
volatility 불안정, 휘발성, 변하기 쉬움

executive 행정부의, 경영자
inequality 불평등, 불공평
unrest 불안, 동요, 걱정
occupy 차지하다, 점령하다
tinder 부싯깃, 불 붙기 쉬운
screwed 엉망진창의, 나사로 고정시킨, 술 취한

A good social order is above the best social system

Unlike many liberals, he's not a great believer in regulation as a curb for corporate excess. He doesn't want to crush Wall Street's animal spirits or control market volatility or cap executive pay by force; better tax policy would take care of all that, in his view. He's not worried that rising inequality is going to result in social unrest, at least in Middle America. "I drove by Occupy Omaha, and there was maybe one guy there." he says. "just don't think this is a country that has the tinder for social instability. I mean, the classic test of that was actually the 2000 election. If you think about it, half the people in America felt that they were screwed, and the next day, they all went to work."

해설

■ He's not worried that rising inequality is going to result in social unrest, at least Middle America.
Middle America ~ 미국의 중서부, 미국의 중산계급을 말한다.
그는 상승하고 있는 불평등이 적어도 미국 중산층 내에 사회적 불안을 야기시키고 있다는 데 관해 걱정을 하지 않는다.

58 기업의 약속은 믿을 수 없다
Do not trust in what a corporation says

But on taxes 세금에 대해서 and the debilitating growth of partisan politics, 그리고 정당 정치의 파괴적인 성장에 관해서 he doesn't mince words. 그는 단도 직입적으로 말한다

He was horrified 그는 놀랐다 보고 by the debt-ceiling debacle this summer and shocked 금년 여름에 부채 상한선이라는 여당의 완패를 that Republicans 그것은 공화당이 were willing to play a game of political chicken 정치 닭싸움을 벌이려고 하는데 대해서 with the goodwill and faith 국제간의 친선과 신뢰는 put in the world's reserve currency. 미국의 재정에서 유래된다고 하면서

He was disappointed 그는 놀랐다 that so many financiers who'd supported Obama 오바마를 지지하는 많은 금융인들이 and received the benefits of the financial bailouts 그리고 금융 구제 자금에 대한 혜택을 받은 이들이 were unwilling to support higher taxes to help close the deficit. 부채를 줄이기 위하여 더 높은 세금을 부과시키는 문제를 지지하지 않으려는 것을 보고

5장 과감한 투자

기업의 약속은 믿을 수 없다

세금과 정당 정치의 파괴적인 성장에 관해서 그는 단도 직입적으로 말한다. 그는 금년 여름에 부채 상한선이라는 여당의 완패를 보고 놀랐다. 그리고 공화당이 국제간의 친선과 신뢰는 미국의 재정에서 유래된다고 하면서 정치 닭싸움을 벌이려고 하는데 대해서 충격을 받았다. 그는 오바마를 지지하고 금융 구제 자금에 대한 혜택을 받은 많은 금융인들이 부채를 줄이기 위하여 더 높은 세금을 부과시키는 문제를 지지하지 않으려는 것을 보고 놀랐다.

debilitating 쇠약하게 만드는
partisan 당파심이 강한, 당파에 치우친
mince 잘게 썰다, 다지다, 뽐내며 종종걸음으로 가다, 삼가서 완곡하게 말하다, 얕보다
horrified 공포에 휩싸인, 충격을 받은, 공포를 나타내는

debt-ceiling 부채 한도, 채무 상한
debacle 붕괴, 와해
faith 믿음, 신앙, 신념
reserve currency 준비 통화
deficit 적자, 결손, 부족액

5장
과감한 투자

Do not trust in what a corporation says

But on taxes and the debilitating growth of partisan politics, he doesn't mince words. He was horrified by the debt-ceiling debacle this summer and shocked that Republicans were willing to play a game of political chicken with the goodwill and faith put in the world's reserve currency. He was disappointed that so many financiers who'd supported Obama and received the benefits of the financial bailouts were unwilling to support higher taxes to help close the deficit.

해설

- **on taxes and the debilitating growth of partisan politics, he doesn't mince words.**
  on taxes and the debilitating growth of partisan politics 세금과 민주 양당 파괴적인 정치싸움 확대에 관해
  do not mince words 단도직입적으로 말하다
  2008년 금융 위기 때 많은 미국 대 기업들은 정부의 긴급 금융 구제자금을 받아 회생하였는데도 불구하고 지금 민주당 정부가 세금을 인상하여 국가예산 적자를 줄여보겠다는 정책에 대해서는 동의를 하려고 하지 않는데 대해 버핏은 실망했다고 말하고 있다. 버핏은 부자는 세금을 많이 내놓아야 한다고 믿고 있다.

59

기업체가 필요로 하지 않는 사람은 데리고 있을 필요가 없다
You don't need to keep individuals in who you do not need any more

He's also got a few choice words 그는 몇 가지의 선택 단어를 설명했다 about the Republican presidential candidates 공화당의 대통령 후보와 and their ideas about bootstrapping 긴축에 대한 그들의 생각들에 대해서 and 'merit' economies. 그리고 혜택 경제에 대해서

"This whole business about Newt Gingrich 즉, 뉴킹그리치(공화당 원내 의장)에 대한 전체적인 사업이 going down to Occupy and saying, 아큐파이 운동으로 이어지고 그리고 말한다 'They ought to be getting a job', '그들은 당연히 일자리를 얻어야만 한다'고 that's just—you know, 알다시피 그것이 올바른 일이다 maybe they can be historians for Freddie Mac too 어쩌면 이곳에서 그들은 프레디 맥 역사가가 될 수도 있고 and make $600,000 a year." 그리고 1년에 60만 달러 정도는 벌 수 있다

5장 과감한 투자

기업체가 필요로 하지 않는 사람은 데리고 있을 필요가 없다

그는 공화당의 대통령 후보와 '자립' 그리고 '혜택 경제'에 대한 그들이 선택한 몇 개의 단어들에 대해 역시 공격했다. '아큐파이' 시위를 가져오고 '저들은 취직을 해야지', '바로 그거야', '아시다시피' 저들은 '프레디 맥 (주택 대출 담보 인수 공사)에 취직하여 역사가도 될 수가 있고 1년에 60만 달러도 벌 수 있어'라고 말한 이 모든 책임은 '뉴킹 그리치 공화당 의원이 책임져야 한다."

bootstrap 자기 스스로 하는, 가족 손잡이, 자기 힘으로 되다, 혼자 힘

merit 가치, 공적, 이점, 공로, 혜택
historian 사학자, 역사가

You don't need to keep individuals in who you do not need any more

He's also got a few choice words about the Republican presidential candidates and their ideas about bootstrapping and 'merit' economies. "This whole business about Newt Gingrich going down to Occupy and saying, 'They ought to be getting a job', that's just—you know, maybe they can be historians for Freddie Mac too and make $600,000 a year."

■ that's just—you know, maybe they can be historians for Freddie Mac too and make $600,000 a year.
알다시피 "바로 그거야", 어쩌면 그들은 프레디 맥(주택 대출 담보 인수 공사) 이곳에서 역사가가 될 수도 있고 1년에 60만 달러 정도는 벌 수 있다.

60 버핏은 너무 지나치게 투자하는 회사는 싫어한다
Buffett doesn't want the business which is overindulged in the investment

When I ask 내가 물었을 때 whether Mitt Romney is a job creator or destroyer, 미트 롬니가 직업 창출자인가 직업 파괴자인가를 Buffett says 버핏은 말한다 that while businesses shouldn't hang on 기업체는 붙들고 있어서는 안 된다 고 to people they don't need, 그들이 필요로 하지 않는 사람 "I don't like what private-equity firms do 나는 그러한 회사를 좋아하지 않는다 in terms of taking out every dime 모든 돈을 다 끌어낸다는 식으로 they can and leveraging [companies] up 그들이 할 수 있고 그리고 차입 자본회사를 so that they really aren't equipped, 그래서 실질적인 대비가 되어 있지 않은 in some cases, for the future." 그들이 어떤 경우에는 미래를 위해서

5장 과감한 투자

버핏은 너무 지나치게 투자하는 회사는 싫어한다

미트 롬니가 직업 창출자인가 직업 파괴자인가를 물을 때 버핏은 기업체는 그들이 필요로 하지 않는 사람을 붙들고 있어서는 안되지만. 나는 투자회사 들이 그들이 할 수 있는 모든 돈을 다 끌어낸다는 식으로 사업을 하는 것을 좋아하지 않고, 그리고 차입 자본회사 그래서 그들이 어떤 경우에는 미래를 위해서 실질적인 대비가 되어 있지 않은 그러한 회사를 좋아하지 않는다.

whether ~이든 아니든, 어떨지
job creator 일자리 창출
hang on 견디다, 버티다, 단단히 매달리다

dime 돈 한푼, 10센트 동전, 다임
equipped 장비를 갖춘

Buffett doesn't want the business which is overindulged in the investment

When I ask whether Mitt Romney is a job creator or destroyer, Buffett says that while businesses shouldn't hang on to people they don't need, "I don't like what private-equity firms do in terms of taking out every dime they can and leveraging [companies] up so that they really aren't equipped, in some cases, for the future."

해설

- I don't like what private-equity firm (비공개 주식 투자회사) do in terms of taking out every dime they can
  in terms of ~ 식으로
  나는 그들이 할 수 있는 모든 돈을 다 끌어내는 식으로 투자회사들이 하는 일을 좋아하지 않는다.

61 할 수 없는 일은 과감히 버려라
Give up things resolutely what you can't do

As for President Obama 오바마 대통령에 대해서—should he win re-election '그가 재선에 승리할 수 있을까'에 대한—Buffett would like to see him lay out the truth 버핏은 오바마 대통령이 진실을 내놓기를 원하고 있다 about the road ahead to the American people. 미국 국민들에게 앞으로의 나아갈 길에 대해서

"I think 나는 생각한다 that the American people 미국 국민이 would be pretty responsive 반응을 보여 줄 것이라고 to shared sacrifice 희생의 공유에 대해서 if it was really shared 희생이 실제적으로 공유된다면 and they knew what to expect." 또한 '그들은 어떤 일을 기대 하는가를 알고 있다'라고 says Buffett. 버핏은 이야기 한다

"I've always thought 나는 언제나 생각해 왔다 that part of my job at Berkshire 버크셔에서 내가 하는 일의 일부분은 is telling people what they should expect 그들이 무엇을 기대해야 하는지 일러주는 것이며 and what they shouldn't expect from us. 그리고 그들이 우리들로부터 무엇을 기대해서는 안 되는가를 I don't want to be held to things I can't do. 나는 내가 할 수 없는 일에 붙잡혀 있는 것을 원하지 않는다 On the other hand, I shouldn't totally downplay 반대로 나는 전적으로 과소평가하지 않는다 what can be done just to create a phony target." 거짓 목표를 만들기 위한 목적으로 이루어질 수 있는 일들을

5장 과감한 투자

할 수 없는 일은 과감히 버려라

오바마 대통령에 대해서 '그가 재선에 승리할 수 있을까'에 대하여 버핏은 오바마 대통령이 미국 국민들에게 앞으로의 나아갈 길에 대해서 진실을 내놓기를 그는 원하고 있다. 버핏은 이렇게 이야기 한다. "나는 미국 국민의 희생이 실제적으로 공유된다면 희생의 공유에 대해서 미국 국민들이 실제적으로 반응을 보여 줄 것이라고 생각하며 그들은 어떤 일을 기대하는가를 알고 있다고 생각한다." "나는 언제나 버크셔에서 내가 하는 일의 일부분은 그들이 무엇을 기대해야 하며 그리고 그들이 우리들로부터 무엇을 기대해서는 안 되는가를 일러주는 것이 라고 생각해 왔다. 나는 내가 할 수 없는 일에 붙잡혀 있는 것을 원하지 않는다. 반대로 나는 거짓 목표를 만들기 위한 목적으로 이루어질 수 있는 일들을 전적으로 과소평가하지 않는다."

---

sacrifice 희생, 제물
on the other hand 반면에, 한편으로는, 반대로

totally 완전히, 전혀, 정말, 전적으로, 전부
downplay 경시하다, ~을 얕보다, 중시하지 않다

5장
과감한 투자

Give up things resolutely what you can't do

As for President Obama—should he win re-election—Buffett would like to see him lay out the truth about the road ahead to the American people. "I think that the American people would be pretty responsive to shared sacrifice if it was really shared and they knew what to expect," says Buffett. "I've always thought that part of my job at Berkshire is telling people what they should expect and what they shouldn't expect from us. I don't want to be held to things I can't do. On the other hand, I shouldn't totally downplay what can be done just to create a phony target."

해설

- **Buffett would like to see ~ ahead to the American people.**
  see someone + 원형동사 누가 ~ 하는 것을 보다
  버핏은 그가 (오바마 대통령) 미국이 나아가야 할 길에 대한 진실을 미국인에게 제시해 주기를 원하고 있다.

- **I've always thought that ~ shouldn't expect from us.**
  what they should expect 그들이 기대해야 하는 것
  what they shouldn't expect from us 그들이 우리들로부터 기대해서는 안 되는 것
  나는 언제나 '버크셔'에서 내가 해야 하는 일의 일부는 사람들에게 그들이 기대해야 하는 일과 우리들에게 기대해서는 않되는 일을 이야기해 주는 것이다 라고 늘 생각해 왔다. "나는 할 수 없는 일에는 매달리지 않는다"라고 말하고 있다.

62. 올바른 룰이 있으면 제도는 움직인다
With a right rule, the system will work

Buffett feels the President missed an opportunity 버핏은 대통령이 기회를 놓쳤다고 생각한다 to do that right after he took office. 그가 취임한 바로 직후에 이런 일을 할 수 있는

But he's optimistic 그러나 그는 낙관적인 견해를 편다 that it can still be done. 이 일은 지금도 할 수 있다고 "We need to tell people 우리들은 사람들에게 이야기 해줄 필요가 있다 that the road 앞으로 가야 하는 길은 is going to be long. 멀고도 멀 수 있다고 We've got too many damn houses. 우리들은 너무나 많은 어려움을 겪었다 They're not going to go away. 그 어려움은 지금도 사라지지 않고 있다 This recovery is going to take a long time. 이 회복은 시간이 많이 걸릴 것이다. And the financial crisis has exposed a lot of flaws 그리고 금융 위기는 많은 결함이 있음을 노출시켰다 in our system." 우리 제도의

But the flaws can be fixed. 그러나 이 결함은 개선 될 수 있다 With the right rules, 규정만 올바르게 정하면 says Buffett, 버핏은 말한다 our system can work again. 우리 제도는 또다시 역할을 할 수 있다 고

It's like Martin Luther King said. 이것은 마틴 루터 킹(1960년대) 목사가 한 이야기와 같은 것이다 We aren't trying to change the heart. 우리는 사람의 마음을 바꾸려고 노력하지 않는다 We're trying to restrain the heartless. 우리는 무정한 마음을 제지 시키려고 노력하는 것이다 "Isn't that." he asks, "그렇지 않는가?" 그는 묻는다 "what government is all about?" "도대체 정부라는 것이 무엇 하는 것인가?"

5장 과감한 투자

올바른 룰이 있으면 제도는 움직인다

버핏은 대통령이 그가 취임한 바로 직후에 이런 일을 할 수 있는 기회를 놓쳤다고 생각한다. 그러나 이 일은 지금도 할 수 있다고 낙관적인 견해를 편다. "우리들은 사람들에게 앞으로 가야 하는 길은 멀고도 멀 수 있다고 이야기 해줄 필요가 있다. 우리들은 너무나 많은 어려움을 겪었다. 그 어려움은 지금도 사라지지 않고 있다. 이 회복은 시간이 많이 걸릴 것이다. 금융 위기는 우리 제도 안의 많은 결함이 있음을 노출시켰다." 그러나 이 결함은 개선 될 수 있다. 규정만 올바르게 정하면 우리 제도는 또다시 역할을 할 수 있다 고 버핏은 말한다. "이것은 마틴 루터 킹(1960년대) 목사가 한 이야기와 같은 것이다. "우리는 사람의 마음을 바꾸려고 노력하지 않는다. 우리는 무정한 마음을 자제시키려고 노력하는 것이다. "그렇지 않는가?" 그는 묻는다. "도대체 정부라는 것은 무엇하는 것인가?"

optimistic 낙관적인, 긍정적인
damn 제기랄, 비난, 형편없는, 빌어먹을, 정말, 멋진, 엄청
go away 떠나다, 가 버리다

flaw 결점, 흠, 결함, 하자
restrain 제한하다, 자제하다, 금지하다, 검거하다
heartless 무정한, 냉혹한, 매정한

5장
과감한
투자

With a right rule, the system will work

Buffett feels the President missed an opportunity to do that right after he took office. But he's optimistic that it can still be done. "We need to tell people that the road is going to be long. We've got too many damn houses. They're not going to go away. This recovery is going to take a long time. And the financial crisis has exposed a lot of flaws in our system." But the flaws can be fixed. With the right rules, says Buffett, our system can work again. It's like Martin Luther King said. We aren't trying to change the heart. We're trying to restrain the heartless. "Isn't that," he asks, "what government is all about?"

해설

- **the financial crisis has exposed a lot of flaws in our system.**
  flaws 결함들, expose 드러내다.
  금융위기는 우리제도에 많은 결함이 있음을 드러내었다.
- **With the right rules, says Buffett, our system can work again.**
  with + 명사 ~ 하면서, 하는 중에
  '비록 제도가 잘못되었다 하더라도 올바른 규정(rule)만 있으면 제도는 굴러간다'라고 그는 말한다.

TIME Bilingual Reading
영어독해 워런버핏

인 쇄 일   2013년 6월 1일 초판 1쇄
발 행 일   2013년 6월 1일 초판 1쇄

지 은 이   토마스 안 · 벨라 정
펴 낸 곳   영어닷컴
디 자 인   김민화
주   소   서울시 종로구 종로1가 24 B-2021
전   화   (02) 1688-6643
팩   스   (02) 2075-5777
전자우편   youngodot@gmail.com

ISBN 978-89-967906-4-8 (13740)
정가 13,000원

* 영어닷컴은 한국어판 저작권을 소유하고 있습니다.
* 이 책의 한국어판 저작권은 영어닷컴사가 미국 Time Inc.와의 저작권법에 의하여 한국 내에서
  보호 받는 저작물이므로 무단 전제와 복제를 금합니다.

Copyright
Time Inc. All rights reserved. Its Korean Translation edition is reproduced and reprinted by Youngodot.com.
Seoul, Korea with permission of Time Inc. Reproduction in any manner in any language in whole or in part
without written permission is prohibited.